暢所欲言
學數學

課室討論教學策略大公開

馮汝琪、戴絹穎

合著

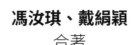

此書獻給

一路陪伴我們成長的蔡文煥教授
和曾經在我們課室中的所有孩子

因為有你們，
我們才學會了這麼多有關「教」和「學」的事！
也謝謝你們，
讓我們深深體會到自己學會的事要懂得分享！

目次 CONTENTS

推薦序一

把學習的責任還給學生

翻轉數學教學，是以「學生為主體」的教學，希望透過課室討論發展課室社群之社會規範和社會數學規範，藉此培養學生之社會自主和智力自主的能力。整個教學過程亦幫助學生發展解題、推理、證明、溝通、連結及表徵等學習過程。

如同你第一次有小孩時才開始學習當子女的「父母」一樣，當你第一次教學，心中開始有「學生的存在」時，你才開始學習如何為「人師」和「經師」，這時便是你教學專業更上一層樓的時機。教師除了考慮數學學科本質外，亦需考慮此數學概念在學童已存在的經驗上，此數學學習是否可能發生。換言之，在教學時，應考量數學概念活動之布題在學童的經驗上是否能產生學習。因此在教學時亦須考慮學童數學概念的認知發展，學童才有可能了解。傳統講述教學的教師，心中以教材為主，並且直接告訴學生如何解題，因此老師雙肩擔負學生學習的責任。以「學生為主體」的課室討論教學，教師除了要清楚數學在學科本質的邏輯性之外，教學亦須考慮配合不同學生學習的「學習時間差異」和「學習路徑差異」。另外，最重要的是藉由建立社會數學規範以促進學生智力自主的發展。課室討論的教學，學生必須自己解題，並藉由推理和證明的歷程來說明自己解題的合理性，接著說服小組和全班同學同意其解題的正確性；換言之，本課室討論的教學是把學習的責任還給學生，教師則扮演促進者的角色——引出學生的經驗，支撐學生的理解及擴張學生的數學思考。

和清華附小的老師共同進行「數學課室討論文化」之教學已邁入第15 年，看到附小教師數學教學專業不斷的成長和精進，以及學生令人驚嘆的表現，是我樂於和附小教師共同成長的主要動力。目前我們集中在挑戰發展學生推理和證明的過程。這本書呈現了絹穎老師和汝琪老師這幾年來的課室討論教學實務，可作為教師想進行「課室討論文化」教學之參考。

國立清華大學數理教育研究所教授
蔡文煥

發現數學的靈魂和樂趣

「給他魚吃，不如教他如何釣魚」是大家耳熟能詳的諺語。以教育觀點而言，讓學習者具備「方法」比「成果」更形重要！是以教育學者莫不投注心力開發各種課程方案、教材、教法乃至建構完整之教育論述，其核心目標即在讓學習者擁有各種形式的方法、技能以為安身立命之依靠。

但如何讓學習者達成教師預期的目標？學習者學習歷程之機轉與運作為何？教學者是否能正確解讀學習者思考與理解樣貌？學習者面對問題時如何開展認知、理解、類化、遷移等等歷程？這些問題與疑問，不斷在教育工作者內心激盪，從而促使教師們持續不斷地提升教育實踐品質，逐步建構完整之教育論述。

在眾多教育論述中，教師是影響孩子未來發展的關鍵，一位專業老師的行雲流水教學活動中，融合了學科知識、教育理論、心理學、社會學等元素，且包含「師生互動中隱而未顯、且連續不斷的專業思考與判斷」，使得專業教師的教學活動充滿藝術與專業性。也因教育歷程此一重要特點，難以透過量化或標準化程序，將專業教師的教學知識具體呈現，然，教師「實踐知識」卻是教育最珍貴的資產，關乎教師能否成為開啟孩子未來的「重要他人」或僅是平庸的「知識灌輸者」！

本校致力於課程教學研究七十餘年，在諸先進的努力耕耘下，附小的課程教學有口皆碑！為持續精進本校課程教學實踐品質，扮演師資培育尖兵的功能，本校教師自組學科領域專業社群，針對領域教學議題持續深究，同時逐步建構豐富教師實踐知識，成為本校最重要的資產。

在本校多元教師社群中，「數學課室討論」社群在蔡文煥教授帶領下，於本校持續以「課室討論」為焦點，累積 14 年的教學研究與教學實踐成果。十餘年的歲月，讓所有參與計畫的學生，學會質疑、澄清、討論、辯證等方法，在老師的引導下學「問」；參與計畫的老師們在探究過程，除解決學術問題建構理論外，更因嚴謹探究與系統化思考訓練，讓參與夥伴們逐步建構完整之教學論述與教師實踐知識。

絹穎和汝琪老師，十餘年來一直以數學教學為樂，以陪伴學生思考、尋求解答為生活重心。在全心投入與享受的過程，以清明且客觀的研究者忠實記錄老師教學決定與孩子理解歷程，由引導學生學習「聽」，嘗試有焦點的「問」乃至於有條理的「說」；由老師如何適切布題逐步發展學生審題能力；由學生個別學習為出發，逐步培養孩子小組討論，最終形成全班共識。這些看似簡單的過程蘊藏著無數的祕密與寶藏，一次次的探究開啟學生思考的能力與對學習的好奇心；由小組簡單討論到接受全班質疑與論辯，讓學生體驗邏輯推理論證的嚴謹。

個人有幸能在參與數學社群討論中發現教育瑰寶，更覺得鼓勵與協助教師分享教學的智慧為個人無可推卸之重擔。經幾次對談除感佩老師們的專業與豐厚學理基石，更加佩服絹穎和汝琪老師對於教育的無私與熱忱。她們耗費寒暑假與假日時間，埋首成堆的教學資料庫，梳理教師教學思考與建構學生討論文化，以建構教學為軸心逐步建構教學系統，以教學卓越獎的金字招牌分享教師在數學課堂的熱忱和靈魂！讓所有關心教育的同好們在閱讀之後，對「教」與「學」有清晰的理解，最重要的是能對於如何引導學生「學習數學」有關鍵的改變，讓數學靈魂和樂趣回到每一位懂得教育的讀者身上！

曾任國立清華大學附設實驗國民小學校長
廖經華

推薦序三｜

單純和專注的力量

用單純的心做一件事，做一件有意義的事
以專注、堅定的持續力，在數學成長路探索
以有溫度的想法述說數學教學策略
期待喜歡數學的教育人，能重新思考教學
改變教學，共創數學教育的美好願景

　　突然，接到昔日的戰友要出書的訊息，心中充滿喜悅，特別是邀請我撰文推薦，心想：退休兩年多的我，除了在國立清華大學兼課之外，已經是個自由人，筆漸 ，何以為文，但，一想到夥伴們用十多年的青春，磨出一劍，不說些話，行嗎？

　　清華附小課室已實施 14 年餘的「數學課室討論文化」方案，繼 2012 年奪得教師教學卓越獎，當年教學卓越論壇中指導教授蔡文煥，被讚譽為「臺灣的佐藤學」，隨後，夥伴們使用卓越獎之獎金，辦理桃竹苗四縣市的數學課室觀察與專業討論，期待這樣的數學教學想法，讓喜歡數學的教育夥伴，也能在自己的課室實踐，這些勇氣與作為，讓當時已屆退休的我，心裡有滿滿的感動！

　　在我們共處 8 年的長長時間裡，看到大家努力學習、用心實踐夢想，依靠的是努力不懈的堅持與奮鬥；一開始課室是被觀察、被實驗的角色，經過化蛹、蛻變，成功的做自己、壯大自己，展現述說數學教學的故事，在一次又一次述說中感動自己、感動同儕與其他教育夥伴，期盼在制式數

學教學中，開出一朵「以學生為中心的課室討論教學」奇葩，進而發揮數學教學的影響力。

　　重新閱讀文本書寫，彷彿重回課室觀察的現場，開放的數學教室，每週進行觀課與專業討論，每學期 15 次，十多年來至少進行 360 場以上的數學教學與專業討論。當年，進入數學課室進行教學觀察，觀察學生解題歷程，現在回想起來仍歷歷在目。老師進行布題，總是一再透過提問引導學生理解題意，並逐步引導學生審題，直到學生完全理解，才依序進入下一個階段——個別解題思考、小組討論，此時，全部觀察者自行分組端坐在學生小組旁，耳聰目明的記錄小組同學個別解題的想法，教學者則進行行間巡視，並一面思索接下來的教學如何進行，才會比較符合學生解題的想法，讓學習更貼近學生的思考歷程；最後，進入全班討論時，最能看出老師教學功力，而初接受本教學法的老師，這個階段的教學往往也是最「不安」的時刻，不安於學生奔放的思考，老師是否能安全的帶領學生完成學習目標，經過多年的試煉，在觀課與專業討論中，我們一起見證學生論證能力和教師專業成長，喜悅之情拭去了所有的「不安」，繼之，展現數學教學之自信，因為數學夥伴的堅持，路越走越寬闊。

　　夥伴們用單純、專注的心接受試煉，清華大學蔡文煥教授，帶著深厚的理論基礎溫暖的陪伴大家，每次教學後，會齊聚在一起，以民主的氛圍進行討論，再一次澄清、辯證……，引導學生自行解決問題的學習歷程，以及單元教學關鍵的掌握，就能更清楚明白，夥伴們教學專業逐漸成長，喜愛數學的學生越來越多。單純、專注其實也意謂，學校有義務為老師建構安全的討論教學環境。目前，教育政策改變急劇，沒有經驗的領導者隨之起舞，破壞了學校老師能單純、專注的教學空間，由衷期盼所有學校領導者謹記——只有單純、專注、持續發展，才能產生無與倫比的力量。

　　此次本書的出版，將夥伴們這些年的學習成長路，揉合後擷取精華，逐次呈現教學的歷程，以數學教學策略大公開的形式呈現在讀者面前，其

中以營造安全溫暖的學習情境，讓學生在數學中探索與學習，最為可貴，可提供在職教師（含行政領導者）、職前教師及家長們閱讀。當教育走入後現代，知識翻新的速度以倍數成長的今天，永遠要教會學生學會探索知識，並在其中獲得樂趣、享受學習，清華附小這群數學教師辦到了，我為您們喝采！

走筆至此，憶及退休時曾撰文，談到學校未來可以努力的方向，其一為，課室中「以學生為中心」的學習，其二為，「優質教學迎向國際」。數學夥伴們，各位實踐的能量最充沛，實踐的腳步最讓人驚艷，此刻，在我心中響起的聲音是假以時日定能揚眉國際，而本書的出版，也預告向國際發展又邁進了一步。

曾任國立清華大學附設實驗國民小學校長

孫瑞鉑

推薦序四

一本值得教師閱讀與探究數學教學的共學之書

這不是為了書寫而寫就的一本書，而是一群老師為了孩子，一起探究數學知識、探究數學教學、了解學生學習，共同走過十餘年，反身回觀，將自身教學知識加以凝鍊而寫就的一本書。

新竹清華附小（以下簡稱附小）一直是清華大學（以下簡稱清大）教育專業實習的實踐場，在前校長孫瑞鉑的帶領下，附小與清大建立良好的合作與互助的關係，附小的老師認真投入教學，培育附小學生，也參與培育未來的師資。

附小的教師專業學習社群由來已久，數學社群成軍已超過 10 年，每週三上午三、四節是社群教師磨練專業的時刻，在佐藤學的旋風未進入臺灣時，這群老師早已經默默共同備課，討論課程，公開數學課室教學、相互觀課並議課。

特別的是這群教師是一個開放系統，除幾位主要成員外，附小的老師也可進入數學社群學習一到兩年，再往其他社群行走；同時也開放其他學校的教師一同進班觀課與教學後的議課；而清大教育系的學生更是受惠的一群，在大二大三就有機會親身體驗小學現場，感受聚焦於學生學習的教師團隊合作與相互激盪數學教學的樂學氛圍。

這幾年有幸參與附小每年的期末社群成果發表，各個社群老師的教學智慧總讓人驚艷，去年聽完數學團隊的發表，深覺這群深耕數學教學的老師已經長出自己的數學教學知識，甚至對小學生數學學習的各種可能路徑與解題表現已逐漸成形，當下就跟本書的作者汝琪與絹穎老師邀稿，希望

她們的智慧可以分享更多人，想不到一年後，長出來的不是一篇文章，而是一本書。

我有幸先睹為快，回到學生、回到課室、回到數學、回到「學生主體與教師主體」是這本書的特性。

最重要的，這是一本值得教師閱讀與探究數學教學的共學之書！

國立清華大學教育與學習科技學系教授

陳美如

推薦序五

有溫度的數學課室～學生感受數學，開啟對話之鑰

兩年前，新竹清華附小「數學課室討論文化」社群在蔡文煥教授帶領下走入第 10 年時，得到教育部教學卓越銀質獎的榮譽。他們利用獎金辦理教學研討會時，我有幸進入絹穎老師的數學課室觀課，當天觀課的教師約 100 人，學生在針對數學學習內涵所形成的規範下，主動解決問題，在小組內用數學語言溝通，進行辯證，令我印象深刻，也令我感到驚艷。

促使學生思考是數學教學的核心，絹穎老師和汝琪老師將十多年的數學課室經營策略寫成書，說明她們如何促使學生在「聽、說、問」中進行有意義的學習，搭配實際的案例的故事做說明，並有圖形作為解說和提綱挈領，讓我們閱讀者能很快的上手。例如在你說我們聽的規範下，「說」的角色會因應需求而由不同的人來擔任，訓練聽話者先在大腦中發酵（思考），再依自己的判斷，選擇認同的部分來加以吸收（內化），對不認同的部分進行自我的思辨，有疑問之處，以疑問句的形式去提點出不合理的地方，或是提出反證來刺激對方再思考，還要貼心的給予對方思考的時間和空間，將思考的結果反映在討論中，最後形成更成熟的結論或進一步的提問（回饋）。在這樣有意義的「聽」、「說」、「問」之間的歷程，說的人能說得清楚，聽的人也能聽得完整；聽的人不急著發問，說的人也能不急著辯駁，輔以文字、圖像或符號等具體的數學紀錄輔助說明，「以數學知識來說服別人」不僅能深化解題的討論，也能訓練學生的思考力、溝通力，並在潛移默化中提升推理力。

絹穎老師和汝琪老師以及社群的夥伴們志在為孩子們營造一個能提問、思辨及省思的學習環境。學期開始前，對教材各單元做完整性的審視，並依據學生數學認知及數學知識邏輯加以修改、微調或增補內容；在上課時，以學生為中心的教學，慢慢增溫的數學課室經營，體驗摸索、澄清、質疑、辯證的樂趣，還能不受教學進度壓力的挾持，也能達成有效教學。她們將教學成果寫成書，如同教師的教學手冊在手，提供現場教學相當大的幫助。

臺北市國教輔導團數學專任輔導員

孫德蘭

推薦序六

清華附小的驚艷

驚艷清華附小數學社群「又」在我熱愛的數學教學生涯經驗中，創造了令人驚嘆的不可思議！

從民國 92 年起周邊參與該團隊的觀課與討論，驚艷於課堂中師生都是主角，認真投入討論對話過程中的平權、尊重與社會數學規範的默契；101 年擔任該團隊以「思考總動員～『暢所欲言』學數學」榮獲教育部教學卓越獎的與談人，驚艷於團隊教師已然將此數學教學模式內化為個人信念，師生與數學之間的關係竟然能達到水乳交融之境界；而今，驚艷於此書的出版，提供翻轉數學學習的真實報導，為轉動、改變學子對數學學習興趣重燃契機。

試想，數學課除了聽，還能說、能問、能討論與論證；數學知識不再是束之高閣遙不可攀的真理，而是可以表達個人對數學概念、單位與符號的理解，且在教師專業加溫下，孩子因發表聆聽的真實參與、思考判斷的頭腦體操、異同澄清的腦力激盪，體驗與數學共舞間內化個人知識，一個有製程、有感覺、有溫度的數學，讓數學不再冷冰凍置在孩子心中！

坊間難得一見如此專業、細膩又溫暖的數學教學實踐專書，傾囊而出、無私的分享。一睹為快，改變教師教學或您孩子數學學習的未來，如附小團隊般感受數學教與學的熱情與溫度！

新竹縣政府教育處課程督學
新竹縣國民教育輔導團數學領域專任輔導員
蔡寶桂

作者序

一本「為了外行人」，也「為了內行人」所寫的書

在清華大學蔡文煥教授的引領下，清華附小在課室中建立「數學課室討論文化」已經堂堂走入第 15 年了，即使從嘗試、摸索到教學技術成熟，一路走來真是酸甜苦辣點滴在心頭，但我們從來沒想過放棄不做。

原因其實很簡單，因為我們深深被這些孩子所感動。我們不想錯過每一次他們眼中因樂在學習而閃爍的光芒，也捨不得放他們在知識的大海中浮沉，而不指引正確的方向。

即使教了這麼多年，我們也不得不承認，以孩子為中心的討論式教學是十分辛苦的。在 40 分鐘的課程裡，老師的思緒幾乎沒有鬆懈的時候。上課時師生之間並不是在「鬥智」，反倒該說是我們總是試圖在最短的時間內有技巧地去摸清孩子的想法，並努力及時做出回應，去滿足他們學習上的需求吧！所以孩子們會在課堂上投出什麼樣的變化球，是我們每一節課都在面臨的挑戰。

課堂上，每當孩子們久久糾結於迷思後，奮力脫困、衝口而出的那聲「我懂了」；或是下課時還緊抓著我們不放，就是想問清楚或想懂更多，那種對知識渴望的積極也是讓我們堅持走下去的重要動力呢！

所以，寫這本書的想法其實很單純，看到我們教過的孩子因為這樣的學習方式，在學習態度及學習結果有了令人驚艷的表現；同時也在進班觀察老師們的回饋中，感受到他們不但是認同，也更想學習課室討論教學的熱情，所以，這本書就這樣花了我們一年多的時間，一邊教書一邊寫，只因為我們也期待有更多的老師、更多的孩子能像我們以及班上的孩子一

樣，有機會重新看待學習這件事，這樣，一切就值得了！

　　這本書是寫給所有老師的，雖然在書中是以數學領域的教學為主軸，但數學的專業術語大都僅出現在教學範例上，至於支撐教學範例所列的篇章要點，若是遷移至其他教學領域也不會出問題的，我們可是有「身體力行」試過喔！所以「內行人看門道、外行人看熱鬧」的狀況應該不會出現在本書中！

　　教學與老師專業的成長都是進行式，希望在以孩子為中心的課室討論教學路上，大家都能和孩子們共築美好的學習經驗！

導讀

　　本書共分成十個篇章。這些文字中所想要傳達的教學理念與方法，基本上可以簡化成下圖來呈現。

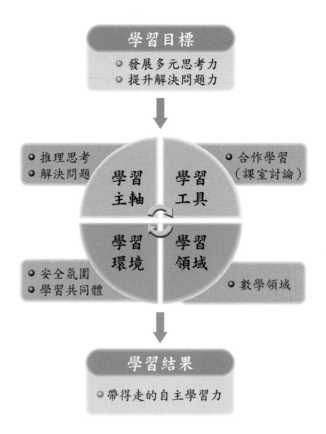

　　我們相信如果能讓教學者信服「知其然並知其所以然」的重要，那麼孩子在老師潛移默化的影響下，就能了解「知其然並知其所以然」的必要

性，最終擁有自主學習能力。我們藉由以下篇章的安排，與你分享課室討論教學，並期待你也能和我們一樣，享受孩子在智力自主的學習環境中所展現的迷人樣貌，感受作為一個老師的驕傲。

第 1、2 章　有溫度的聲音

和大家分享在進行討論教學時所應考量到的各個面向，並讓大家了解為什麼需要這麼做才能進行有效的討論教學。

第 3 章　當數學在討論中翻轉

藉此章分享我們的教學理念，以及選擇了數學領域為翻轉教學出發點的原由。當然，數學領域也不會是我們翻轉教學的終點。

第 4 章　老師布題；第 5 章　個別解題；
第 6 章　小組討論；第 7 章　全班討論

在這些篇章中分別呈現我們在數學領域實際實施數學課室討論教學時的 know-how，希望協助更多認同我們教學理念的老師能更快上手，有更多孩子能受惠。另外，內容中也分享我們在數學領域實際翻轉教學的情形，以及將此教學法移轉至其他教學領域的可行性。

第 8 章　有溫度的思考地圖

「無法進入我們的課室進行觀察怎麼辦？」「無法察覺授課老師內心所思與外在所為之間的關聯怎麼辦？」別擔心，這個篇章裡將老師的教學心法流程化，讓我們來做一次課室討論的紙上教室觀察吧！

第 9 章　有溫度的評量

　　教學要改變，當然評量也必須跟著改變。評量結果不僅是孩子學習結果的具體表現，更是老師改進教學的重要依據。透過本章的評量案例，來說明我們改變評量的做法，以及不同評量所帶來的影響和效果。

第 10 章　有溫度的教室

　　如果能走進我們的教室進行教室觀察，將會是最有效的學習方式，但如果辦不到呢？因此我們在這個篇章分享了一些班級的課堂故事，希望能幫助大家產生動力，且更能將書中的理念與教學 know-how 和教學現場連結在一起。如果還意猶未盡，歡迎來到我們的數學部落格和我們進行線上互動吧！

清華附小數學社群部落格：
http://163.19.142.4/wordpress

Chapter *1*

有溫度的聲音 Part 1

～「規範」使得「討論」不一樣

以學習的角度來看，「聽」和「說」是可以各自獨立存在的，我們可以只聽不說或只說不聽，不過，或多或少都是可以學到一些東西的。

但對一個老師而言，在實施討論教學時就會發現，在「聽」和「說」之間，想要讓這兩者「和平共處」，進而能「相輔相成」，實在不只是讓孩子「能聽能說」這麼簡單就可以解決的。

因為，老師關心的不僅僅是在孩子「聽到什麼或又說了什麼」，更大的挑戰是在「聽」和「說」之間該如何達到平衡，才能讓「學習」有效地在孩子的心中生成並扎根，而不彼此衝突、干擾？

想想看，在學習時，我們會對「先聽後說」還是「先說後聽」感到困惑呢？其實這個問題很難回答，因為這是個不完整的問題，你必須要考量「在何種狀況下」、「誰在說」、「誰在聽」等條件後，才有辦法回答。不然，就如同「雞生蛋」還是「蛋生雞」的問題一般，難以有個定論。

但是，這並不會影響我們對「聽」和「說」的基本認知。因此，在說明該如何運用「聽」、「說」來進行更有效的教學之前，我們還是先來思考一下「聽」、「說」是怎麼一回事吧！

我們可以確定的是，「聽」和「說」兩者要能產生互動，基本人數應為兩人以上，而且越多人參與這樣的互動，「先聽後說」和「先說後聽」的現象就會在不同的人身上同時發生，而

「討論」就這樣形成了！

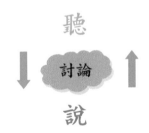

讓我們先從討論中的「說」來談起吧！

「說」是為了說清楚自己的想法，可能是為了發表，也有可能是為了辯駁或詢問。在教室中，「我們說你們聽」、「你說我們聽」或「我們說你聽」都是可能出現的，但如果是以討論的效度為考量點的話，「我們說你們聽」是效度差的，七嘴八舌的結果是說得無條理且聽得不完整，所以還不如不說！

而「我們說你聽」，效度更差，聽者往往沒有回應或申訴的餘地，只能被迫聆聽。如果將這種模式運用在教學中，孩子沒有說話的機會，無從表達自己的想法，他們便會在這種模式中逐漸畏縮，更不願提出自己的想法，最終就會自動接受所有來自他人的說法而不敢有疑問或不想有疑問了。

所以，我們希望課堂上的討論能在「你說我們聽」的無障礙空間中進行，讓想說的人能說得清楚，聽的人能聽得完整。

聽

說

說明自己的想法 ➡️ 「你」說我們聽
~~「我們」說你聽~~
~~「我們」說你們聽~~

老師若認同我們的想法而想要營造出這樣的學習氛圍，基本上，去形塑「討論」的規範是勢在必行的，這樣才會人人都有機會在「你說我們聽」的活動中，輪流扮演「聽」或「說」的角色，並從討論中獲益。

由此可知，如果能在課室中建立適當的「討論規範」，便能確保在運作「你說我們聽」的討論模式時，說的人能說得清楚，聽的人也能聽得完整；聽的人不急著發問，說的人也能不急著辯駁；聽的人有疑慮就提問，說的人也樂意給予回應。這樣課堂上的每個孩子在參與討論時，不論是扮演哪一種角色，都能享有彼此對話的均等機會。這樣做不僅使討論更流暢有效率，更重要的是這樣才能

保障每個孩子的學習機會。

　　也因此，在參與討論時，遵守「討論」的規範絕對是參與討論者的義務喔！

在我們的課室中，「討論」的樣貌會不同於一般討論教學，是因為我們讓孩子在學習討論的過程中，產生了建立規範的需求性。也因為如此，孩子才會了解規範存在的必要性，進而理解遵守規範不僅是義務，也是促進有效討論的支點。接下來，我們就先和大家談談在「討論規範」中，有關「說」和「紀錄」的規範。

關於「說」的規範

為了能確保「你說我們聽」時，每個參與討論的孩子不僅能享有與彼此對話的機會，還能在發表時想清楚、說明白，提升溝通的效度，因此在討論時，大家會因需要提升討論效度，而產生需要共同遵守的原則。這些原則都需要孩子們能認同，才能成為課室中的「規範」。

在我們的課室中，無論是老師或孩子都要遵守兩大基本原則：「要等對方說完後才可發言」和「原則上一次只有一個人發言」。發言者即使說得慢或有些不完整，大家都要有禮貌地耐心聆聽，待發言結束，才可以舉手提問，並由發言者來決定先回答誰的問題，然後依序進行 Q&A，直到大家無疑問為止。這樣發言者不僅獲得了尊重，聆聽者也會因為聽的完整而不會斷章取義，彼此的 Q&A 才能聚焦。

我們認為孩子應做到有關「說」的規範有：

1.言之有物

口語表達與討論主題相關且符合討論時機點的主軸。

2.言之有理

口語表達的內容是先經過自我思考、辯證後才提出。

3.言之有序

口語表達時能有層次、有組織、有重點。

4.言之有據

　　口語表達的內容要依據自己的想法有憑有據的回答他人的疑問，或提出自己的觀點，進而能夠舉例、證明。

5.言之有禮

　　與人討論溝通時，要能在乎他人、具同理心，尊重彼此說話的意願、不侵占他人說話的機會，並展現出應有的說話禮貌。

　　孩子若能朝著上述的規範而努力，就能幫助自己和別人說得明白、清楚，產生更有效的溝通了！

聽

說

說明自己的想法 ➡ 「你」說我們聽

⬇

建立「說」的規範

關於「紀錄」的規範

　　在課堂上，老師們一定都清楚，大部分孩子或多或少會有能力上的不足，無法將他們的想法說得清楚有條理，因此，常導致聆聽者無法在當下完全聽懂，並依據所聽懂的部分進行後續的討論，甚至淪落雞同鴨講的窘況。所以，對孩子而言，學習以文字、圖像或符號等具體紀錄去輔助他們的口語說明是絕對必要的。

因此，我們讓孩子在討論前所寫的「書面紀錄」，不僅可以幫助孩子在討論時有效地釐清自己和他人的想法；且在書寫的同時，孩子也在學習如何讓自己的想法有系統地呈現在紀錄上，成為培養思考力與溝通力的有效工具。

更進一步來看，這些紀錄也可以協助孩子在與同儕對話時，不會因語病或說話技巧的不足，而使自己的想法遭到誤解或被無由地抹煞掉。此外，如有迷思概念產生，藉由「書面紀錄」的輔助，更容易在討論時被檢視出來。

基於以上的理由，我們可以了解，「書面紀錄」是為了能有效溝通彼此的想法、使討論更聚焦而存在。因此「書面紀錄」的內容絕對不可以天馬行空、毫無章法，所以在課室討論教學中，

建立「紀錄」的規範也是有必要的！

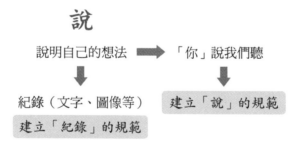

好的「紀錄規範」可以使紀錄本身不需口語輔助說明，就有 80% 以上的內容能被看懂，才會有利於溝通想法。原則上，即使是為不同的學習領域或學習目標所建立的「紀錄規範」，有一些規範內容依然是可跨領域且是共通的：

1.不允許雜亂無章

記錄時，應學習對記錄用的紙張或白板做簡單的空間規劃，而不是想到哪就寫到哪，位置不夠了，就到處塞著寫。孩子形成了此規範，紀錄才會整齊有序、易於閱讀。

2.不允許無中生有

無中生有的紀錄會增加他人困擾、製造糾紛、浪費時間。孩子常會因為說明上的需要而自創符號，通常這個情況在數學領域最為明顯。自創符號缺乏共識的基礎，容易讓人誤解，增加溝通上的困難，因此不可這樣做。

3.不允許龍飛鳳舞

紀錄凌亂會增加他人閱讀的困難度。紀錄上的文字、符號或圖像等不需要非常美觀或有特色，重點在排列整齊，方便閱讀。

4.不期待鉅細靡遺

書寫紀錄的時間有限，因此紀錄應簡潔、有條理、呈現重點即可，其餘細節則待口語說明時再補充即可。

如果在課室討論教學中，老師能確實實踐「說」和「紀錄」的規範，那麼「說」這個行為就會有意義，並產生了必要性。

　　我們再從孩子的學習歷程仔細想想。在參與「聽」和「說」的討論過程中，如果能在「說的規範」支撐下，且是「你說我們聽」的模式，那麼這個「你」就該是動態的，「你」的角色也會動態的因應需求而由不同的人來擔任，這樣提供彼此學習機會的「優質討論」才會產生。

　　由不同的人來說，有意義的「聽」就會不時在參與者大腦中發酵（思考），每個人會依自己的判斷，選擇認同的部分來吸收，或對不認同的部分進行自我思辨（內化），然後再將思考的結果反芻在討論中，形成更成熟的結論或進一步提問（回饋）。也就是「**思考、內化、回饋**」的歷程會正向地在每個參與討論者的大腦中循環不止，直到討論出現共識為止。

　　這麼一來，「聽」和「說」的討論歷程就能深化討論內容、提升品質，更能吸引住每個參與討論者的心。從另一個角度來看，大家也在「聽」、「說」之間，培養了溝通力，訓練了思考力，並在潛移默化中提升推理力，真是一舉數得啊！

　　那麼老師又要如何才能察覺「思考、內化、回饋」的正向循環是否在孩子心中出現了呢？其實只要**審視孩子們「問」的內容**，是否聚焦在學習內容上，還是參雜了不相干的閒言碎語，就可以知一二了！

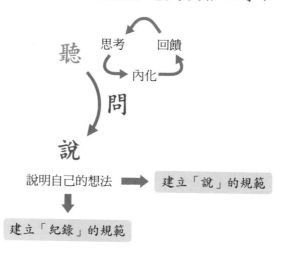

可是，在教學現場的老師卻常會說：「我們的孩子很少或根本不願在課堂上問問題耶！」為了解決這個問題，先讓我們來反問自己一下，到底在什麼情況下我們大人會不願問問題呢？

而當我們回到教學現場時，也會發現孩子常跟大人一樣，在教室中會因以下的問題而遲疑不發問：

一是「**為何而問**」（不清楚問問題的目的是什麼）；

二是「**敢不敢問**」（缺乏勇氣去問為什麼）；

最後是「**如何去問**」（不知道該如何問才能問得清楚）。

在公開場合發問，不論大人或小孩最終都會察覺到，「問」這個行為不論是對自己或他人，本身就是一種「挑戰」。隨意公開發問，是有可能會讓自己下不了台的，當然不可任性地亂問。

但不可否認的，如果一個人能「問得好、問得恰當」，這當然也是一種高層次思考力的展現，不是嗎？所以，身為老師的我們，怎麼會不期待孩子能展現出高層次的思考力，最終深化他們的學習呢？

接下來，為了解決這些「問」題，我們來談一談有關於「問」的規範吧！

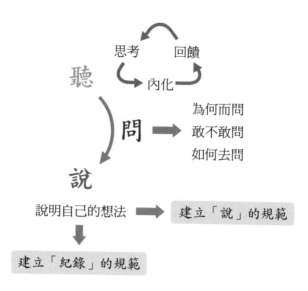

聽

思考 → 回饋

內化

問 ➡ 為何而問
敢不敢問
如何去問

說

說明自己的想法 ➡ 建立「說」的規範

➡ 建立「紀錄」的規範

關於「問」的規範

1.為何而問

為什麼我們常說「理直氣壯」呢？因為理直氣壯的人很清楚自己說話的目的及動機，心中一點也不畏懼，所以能把自己的想法一五一十毫不掩飾地說出來。

而在進行討論教學時，討論像是協同學習的分身，它並不是為了折服別人、彰顯自己而存在的。孩子們應盡力融入討論，成為彼此學習的助力，為提升學習成果而努力。

因此在課堂上，我們為了鼓勵孩子發問而形成的規範有：

(1) 我不懂，所以我要誠心地發問。

(2) 我擔心你不是真懂，所以我要誠心地問你問題，來幫助你了解。

這樣孩子就會在理解自己提問的目的之後，更能掌握住提問的時機及應有的態度。他們的提問也就不會落於「理直氣壯」，而會是「理直氣平」地將自己的想法或疑問說出，營造出良性討論的學習空間了！

2. 敢不敢問

「缺乏勇氣去問為什麼」是多數孩子怯於提問的主因，因為不管是問得太簡單或是問得不夠清楚，大部分人的經驗都是，有相當高的機率會獲得其他人負面的評價。但不可否認的是，「從錯誤中學習」一直都是很有效的學習方式之一。

因此老師要適時肯定願意提出疑問的學生，建立**「提問是負責任的學習態度表現」**的規範是必要的。就算提問的內容有瑕疵，也要讓孩子能夠在安全的學習環境中放心提問，並培養問出「好問題」的本領。

老師更要利用時機反覆在孩子心中植入這樣的想法：「沒有所謂的笨問題，只要是跟上課內容有關的問題都是可以問的，而心中有疑問卻不問的人才是不聰明的。」因此，當孩子願意提問時，老師必須「正視」這些提問，請其他孩子本著就事論事的態度好好回答，讓孩子理解每一個人都有平等的「發問權」；此外，解決他人的疑問，也是我們每一個人的義務。在教學現場中，我們常會發現一些看似簡單的提問，還真的難倒了不少孩子，這也是讓老師有機會更貼近孩子的角度來看待學習這件事。而這些努力，都是為了

建立安全的學習氛圍，讓孩子放心地暢所欲言！

3. 如何去問

「怎樣才能問出好問題呢？」這還真是個好問題！

在這裡我們來談一談「問問題的方式」吧！如果是因「不懂而問」，問的人就要能具體說出不懂的地方在哪裡，而不能僅以「我不懂」三個字來搪塞，將自己的學習責任推到別人身上。

如果是因「想幫忙而問」，那麼就建議以疑問句的形式去提點出不合理的地方（參見 p. 119），或提出反證來刺激對方再思考，還要貼心地給予對方思考的時間和空間。千萬不要用直述句的形式直接指出錯誤，這不僅剝奪了對方的學習機會，也只幫了表面上的忙。

在課室中，老師若能協助孩子有效解決以上三個問題，那麼孩子就能在一次又一次的討論學習中，因為

問了好問題，而建立了越來越好的學伴關係！

這麼一來，「聽、說、問」三者在討論規範的支撐下，產生了正向循環，在你課室中的孩子也會在討論教學的運作下，藉由學習夥伴的相互扶持下，經驗了建構知識的正向歷程，理解到知識的真諦。

最終，享受到學習自主的樂趣，讓自己成為學習上真正的主人，而一**個有溫度的教室**也就這樣產生了！

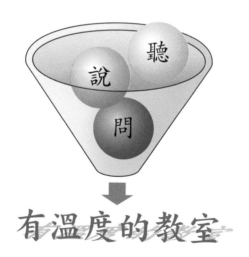

有溫度的教室

暢所欲言學數學

Chapter 2

有溫度的聲音 Part 2

～「討論」在「問」中翻轉……

一　討論中的提問

如果大家都同意了我們在前面所提出的論點，那麼當「聽、說、問」三者在討論教學中因需求而有序地輪流出現時，「討論就該產生真正的效度，學習也會在課室中成長茁壯了嗎？」

其實，事情並沒有這麼簡單！我們在前面說了半天該如何維持討論教學的效度及品質，但最具有影響力的關鍵並不是以上所論述的內容，而是

使我們開始進行討論的原因是什麼？

為什麼確認討論的原因這麼重要呢？大家不妨靜下心來想想，不要說孩子，就算是大人，如果討論的原因不能被公認有必要性，那麼大家就不會覺得應該要討論，當然也就無法全心全意地投入討論活動中。「如果是被硬性要求要討論呢？」可想而知，你會乖乖就範嗎？

所以老師和孩子們想要進行有效討論，不僅是要實踐「說」、「紀錄」和「問」的規範，在拋出要討論的問題前，更應當先思考自己的提問是否符合以下兩個原則：

一是「這個問題能被討論嗎？」
二是「這個問題值得被討論嗎？」

首先，有些問題本身是無法被討論的，例如：

- 對沒學過「比值」的孩子，要他們討論「為什麼速率可以呈現速度的概念？」
- 對沒念過唐詩的孩子，要他們討論「五言絕句為什麼是由五個字組成的呢？」

還有些問題是缺乏討論價值的，例如：

- 要孩子們討論「正方形有幾個邊？幾個直角呢？」或是討論「本課課文的自然段有幾段呢？」

像這樣的問題是絕對無法激發出討論意願的。而

缺乏需求性的討論，會使討論失去了必要性，

如果還期待能出現「思考、內化、回饋」的歷程，那真是緣木求魚啊！因此，確認「進行討論的原因」在討論教學中扮演著關鍵的角色。「原因」有了正當性，「動機」夠強，「討論」才會有必要性，大家在討論時才會全心投入、腦力全開。

所以老師在課堂上，對於想要引發討論而做的提問，一定要思考清楚後才提問。不然「狼來了」的故事上演太多次，孩子們就會不買帳了喔！

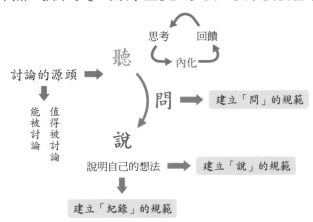

確認提問內容是「能被討論」以及「值得被討論」後，接下來就要進入最後一個階段的檢視，那就是——老師或孩子所提出的（值得再深究的）問題，必須呈現出合宜的挑戰性，也就是要符合「有點難卻不算太難」的標準。這樣孩子在討論時，才會因感受到問題本身的挑戰性而全力以赴，並在順利解決問題時獲得學習上的成就感。不然，當孩子們在解決問題時感到無聊或意興闌珊，老師就不該怪孩子們囉！

　　當然，老師是受過專業訓練的，只要養成習慣在事前或事後多去檢視自己的提問內容，那麼想要讓自己的提問符合「有點難卻不算太難」的標準是不難的；如果希望孩子能夠提出值得再深究價值的問題，又要能夠符合這個標準，反倒是不容易的。

　　因此，老師就需要對孩子的提問語句，在不違反原意的情況下進行整理、聚焦，讓提問能被討論，也具思考價值。而老師這樣的「行為」，也是向孩子們示範該如何「提出並說出好問題」的機會。（見 p. 44）

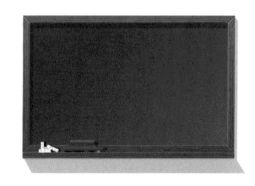

　　如果老師能做到以上各點，那麼孩子就會被問題的挑戰性吸引。在進行討論時，不僅不會怯於提出自己的想法，也不會兩手一攤拒絕思考，還會產生想解決問題的源源動力，勇於面對挑戰呢！

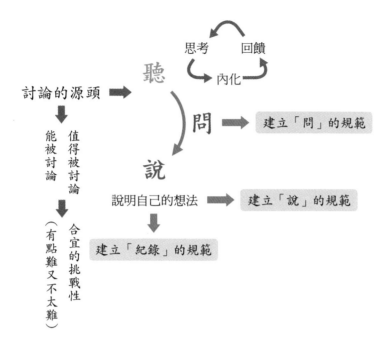

這樣老師的教學便在一個又一個具合宜挑戰性問題的構築之下，進行「聽、說、問」，

建構出完整的討論教學面貌！

給老師的悄悄話……

如果大家認同「理直氣平」才能把想法想清楚、說明白，那麼我們也該承認，在教學現場，因上課的時間有限或孩子當下情緒不佳，都會使孩子在發表或提問時不小心擦槍走火，產生爭執。

為了避免討論者落入情緒化的陷阱中，老師更必須有耐心和毅力，日積月累地在課室中建立各項的「討論」規範，並要求每一個參與討論的人確實實踐。

我們衷心期待在進行討論教學的課室裡，每一個人都能「理直氣平」，聚焦提問、暢所欲言、不做人身攻擊，最後因「問了好問題，建立好的學伴關係」，進而達到「有了好的學伴，對學習更投入」的境界！

 「提問」如何鷹架學習

「提問」有助於釐清問題、解決問題。老師要如何才能有技巧地在不違背孩子原意的原則下，提升孩子的提問表現，或是以「提問」的方式來鷹架孩子的學習，這些都是很重要的課題！如同：

「老師如何在主觀判斷中，客觀地鷹架孩子們的學習？」

「在教學現場中的實踐會是什麼樣貌？」

以下的教學範例將與你分享，在教學中，我們是如何使用「提問」來引領孩子學習！

教學範例 1：此題讓孩子討論題目的意義，並解決商是否需要加 1 的問題。

（三年級～整數的除法）

甲班共有 34 個小朋友，全部的人都要坐遊園小火車，一節車廂可以坐 4 人，最少需要幾節車廂才夠坐？

在解題的過程中，有的孩子認為答案要加 1，有的人認為不需要，以下為上課時老師與孩子之間 Q&A 的部分內容摘要：（T：老師；S：孩子）

S1：因為題目問「最少」需要幾節車廂，因此 34÷4＝8…2，共需要 8 節車廂。

S2：可是剩下的 2 個人要坐哪裡？

S1：但是題目是問「最少」需要幾節車廂啊！

S3：題目上有說「全部的人」都要坐，就是每一個人都要上車，所以必須增加一節車廂讓剩下的人坐。

（S1 被說服之後，另一個孩子提出新問題。）

S4：「一節車廂可以坐 4 人」是什麼意思？

S5：那就是每節車廂要坐 1 人、2 人、3 人或 4 人都可以。

S4：那都一定要坐滿嗎？

S6：因為題目問「最少需要幾節車廂才夠坐」，因此要盡量坐滿。

（對於以上的 Q&A，孩子們尚不需老師的協助。）

當大家都快達到共識認為此題應該是 34÷4＝8…2　　8＋1＝9 時，又有孩子發問了……

S7：算式中 8＋1 的 1，在題目中並沒有這個 1，那這個 1 是從哪來的？

在孩子們的解題經驗中，很容易認為題目中出現的數字一定要用在列式中，但在這一題的題目中並沒有「1」這個數字呀！怎麼可以出現在算式中？一時之間這個問題還真的是卡住了他們，無人舉手回應。

【老師提問協助鷹架孩子學習】

　　T：你們認為那個 1 的單位是什麼？　　　　　　　　　　（提出問題）

S 們：是 1 節。

　　T：為什麼算出 8 節車廂後要再加 1 節上去？　　　　　　（聚焦問題）

S 們：因為還有 2 個人沒有車廂可以坐，因此要再多 1 節車廂。

　　T：所以在這裡，8（節）＋1（節）＝9（節），這樣符合題意嗎？

　　　　　　　　　　　　　　　　　　　　　　　　　　　（確認問題）

S 們：符合。

　　T：那麼在題目中雖然沒有提到 1 節車廂，這樣可以加 1 嗎？

　　　　　　　　　　　　　　　　　　　　　　　　　　　（釐清問題）

S 們：可以。

教學說明

　　在老師與孩子的問答中，逐步澄清孩子對題意的疑慮，連結數學意義與生活問題解決能力。藉由老師的提問，讓孩子們更進一步去思考「1」這個數字存在的合理性，確認其與題意之間的關係，並再度讓孩子察覺理解題意的重要性。

教學範例 2：此題讓孩子理解數學意義與表徵的關係，以判斷算式中單位表徵的適切性。

　　　　　　（四年級～角度）

題目

∠1 是 45°，∠2 是 50°，

∠1 和∠2 合起來是幾度？

在旋轉角的概念建立後，「角的合成與分解」就上場了！基本上要理解這個新概念，對於已經熟練量角器結構的孩子們來說，是一點也不難的。而令人意想不到的是，孩子們的思緒竟然會糾結在最簡單的數學表徵上，但凡走過必留下痕跡，只要討論是有意義的，就會產生它的「價值」。

在這一題的討論中，孩子們對於解題策略毫無疑問，但卻對算式書寫方式有了疑問。有人認為一定要在算式表徵中加上單位，有人則認為加或不加都是可以的。為什麼會出現這樣的疑問呢？仔細看看孩子們以下的解題紀錄，大家就會了解了！

$45 + 50 = 95$　　　3-1-22

A：$95°$

2-1-18

$45° + 50° = 95°$

6-1-26

$\begin{array}{r} 45 \\ +\ 50 \\ \hline 95 \end{array}$　　A：$95°$

6-3-3

$\begin{array}{r} 45° \\ +\ 50° \\ \hline 95 \end{array}$

A：$95°$

以下為上課時老師與孩子之間 Q&A 的部分內容摘要：（T：老師；S：孩子）

S1：算式中一定要寫「。」，不然就不知道單位是什麼？

S2：可是我覺得單位一樣時就不用寫，在最後寫答的地方寫就可以了。

S3：平常我們算的時候，不是也都沒有在算式中寫單位嗎？

【老師提問協助鷹架孩子學習】

T：在不知道該標示或不需標示出單位之前，我們先來想想，以前我們不在算式標示單位的「理由」是什麼？

（支撐多元想法，協助鷹架起始問題）

S4：我覺得單位可寫也可不寫，因為它們的單位都是「度」。我記得我們之前的共識是，單位是看自己要不要寫。如果算式前面有寫，那麼在等號後面也要寫；如果算式前面有寫，後面沒寫就算錯，也就是在算式中要寫單位就要全部寫，不寫單位就要全部不寫。

T：你回答得很好！這的確是我們的共識。但是你還是沒有回答，究竟是什麼「數學理由」支持我們可以省略單位不用寫？

（肯定發表者想法，協助聚焦問題）

S5：因為同單位就可以不用寫！

T：我們討論的是「究竟是什麼數學理由支持我們可以省略單位不用寫」，關鍵字是「數學理由」喔！

（再度協助釐清問題焦點）

S4：因為加減法它的單位一定要一樣，不可能幾公分減幾公尺，或是減幾顆，這些單位一定要一樣，不然無法做加減。

T：大家同不同意？

S們：同意！

T：很好！我們為他鼓掌！

T：這就是數學理由。加減法之所以能加、能減，是因為它們本來就必須是同類別的東西。

（協助歸納知識）

T：這就是加法的意義。加法本身就必須是同單位才能相加，不同單位相加是無意義的。懂了嗎？

S們：懂了！

T：那我們今天對角度加法的共識是什麼？誰能說得清楚？

（回到題目，歸納知識）

S6：角度跟其他東西是一樣的，因為加法本來就要同單位才能加起來，不同單位是不能加的。

T：那我們來看看今天的數學表徵，大家來說說看，可不可以接受？

（以下是大家的結論）

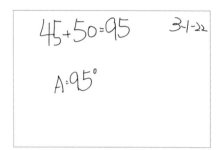

| 3-1-22 |
| $45+50=95$ |
| $A:95°$ |

（接受）

| 2-1-18 |
| $45°+50°=95°$ |

（補上「答」就接受）

| 6-1-26 |
| $\begin{array}{r} 45 \\ +50 \\ \hline 95 \end{array}$ $A:95°$ |

（接受）

| 6-3-3 |
| $\begin{array}{r} 45° \\ +50 \\ \hline 95 \end{array}$ $A:95°$ |

（不接受，直式中的 95 要補上單位）

教學說明

　　一個看似簡單的加法算式，從孩子們的問題中可以讓我們發現：原來「單位」這件事是很重要的！長久以來，不寫「單位」似乎是理所當然的

事，但「理所當然」的背後也代表著孩子會不自覺地忽略「單位」的存在。對四年級孩子而言，這是他們會關注的問題，因為他們需要了解數學意義與表徵的合理性，才能將自己的想法精確地用表徵寫出來；而這也是老師強化「同單位量才能做加法運算」概念的最佳機會。

在「提問」中，我們理解了孩子關注的焦點，也藉由「提問」讓老師得以引領孩子們澄清問題、聚焦討論，然後形成符合數學意義的共識。

教學範例 3：此題提供孩子檢視線段圖的先備經驗，並學習連結線段圖與算式填充題的關係。

（三年級～一萬以內的數）

 ▶

老師有 61 顆糖果，分一些糖果給小朋友後，剩下 28 顆。

T：從這個題目你可以知道哪些訊息？

S1：有 61 顆糖果、要分糖果給小朋友、剩下 28 顆。

T：有沒有人可以畫出線段圖表示 61 顆糖果？

（學生上台畫線段圖）

畫法一：　　　　　　　　　　　畫法二：

T：這兩種圖哪一個對？

S2：第二種。

S3：一定要寫出「糖果」嗎？

T：「糖果」沒寫，會影響對題意的理解嗎？　　（協助鷹架起始問題）

S 們：不會。

T：線段圖必須具備什麼條件？　　　　　　　（協助聚焦問題）

S4：線段圖上要有端點、要寫出數字和單位。

T：有人有不同的想法嗎？

S5：我認為單位不一定要寫。

T：為什麼？

S5：線段圖上的數字單位都會是一樣的，我們只要標示出數字的大小就可以了。

T：大家同意嗎？

S 們：同意！

T：所以線段圖上必須包括哪些條件？　　　　（協助歸納知識）

S6：端點和數字。

T：請你們根據題意，畫出線段圖。

（個別解題時間）

　以下為學生正確解題類型：

1.

2.

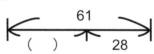

T ：請根據題目的意思說明線段圖後，確認正確的畫法。

S6：全部有 61 顆糖果（手指線段圖整段兩端點），分掉（　　　）顆（手指線段圖左側段兩端點），還剩下 28 顆（手指線段圖右側段兩端點）。

T：可以用算式填充題來表示線段圖的意思嗎？ （引導歸納知識）

S6：61－28＝（ 　　 ）。

T：除此之外，這個線段圖還告訴我們什麼其他資訊？

（回到題目，演繹知識）

S7：全部有 61 顆糖果，減掉 28 顆會剩下（ 　　 ）顆。

S8：（ 　　 ）顆加上 28 顆一共是 61 顆。（ 　　 ）＋28＝61。

S9：28 顆加上（ 　　 ）顆一共是 61 顆。28＋（ 　　 ）＝61。

T：今天我們學到了什麼？

S10：從題目的意思畫出線段圖，也可以看出線段圖和算式填充題的關係。

教學說明

這一部分的教學目的在於讓學生了解線段圖與題目的關係。

首先，老師先讓學生回憶之前學過的線段圖怎麼畫，接著透過學生的畫法，相互比較並討論最完整的表示方法。學生在學習畫線段圖的過程中，一開始對於線段的表徵（必須有兩端點）概念並非十分清楚，因此藉由此題的討論來界定「如何以線段表示一個量」。這樣的練習對於三年級的孩子是很需且重要的。以線段來表徵量的大小，除了考量線段的長短之外，也要注意到必須畫出線段的兩端點。藉由老師的提問（「糖果」沒寫，會影響對題意的理解嗎？），能把不必要的訊息拿掉，學生可慢慢拼湊完整的線段圖所具備的條件。最後，讓學生以線段圖說出題目並列出算式填充題，了解到線段圖是依據題目而來的。

大家讀到這裡，可能會有一個念頭閃入心中：看起來想要在課室中進行有效的討論教學、照顧到每一個孩子的學習機會，並讓孩子順利茁壯為學習的主人，似乎是需要個聰明而有能力的老師才能辦得到的。

其實，每一個認同這種教學方式而又願意嘗試去做的老師，都將會在每一堂課的時光中，因勇敢面對自己和孩子的挑戰，而最終淬鍊出靈活運用討論教學的本領，並和孩子成為真正的學習共同體，彼此教學相長。

在 Mortimer J. Adler 和 Charles Van Doren 合著的《如何閱讀一本書》（*How to Read a Book*）中，有一段話很貼切地描敘出學習高層次行為者的心路歷程（郝明義、朱衣譯，2003）：

「**規則的多樣化**，
意味要養成**一個習慣的複雜度**，
而非表示要形成多個不同的習慣。

在達到一個程度時，
每個分開的動作自然會壓縮、連結起來，
變成**一個完整的動作**。

當所有相關的動作
都能相當自然地做出來時，
你就已經**養成做這件事的習慣**。」

在這本書中，無可避免地會提出一堆教學規範。建議有心想進行討論教學的老師們，一開始練習時不要心急，在你的課室裡要先選取容易做到的，或你認為需要先做到的一小部分來實踐，再依需要逐步增加其他規範融入自己的教學及課室中。

總有那麼一天，整個討論教學的核心技術會內化到你的心中，成為做這件事的一個習慣。

因此，在這一天來臨前，請不要輕易放棄或失去信心，請對自己的成長有耐心，就如同我們期待你對你的學生也是如此這般的有耐心。

佐藤學教授曾說過：「真正的學習，是大家一起學習。」這個「大家」，我們認為是包括老師的。在課室中因討論教學所形成的學習共同體，應該是由老師和孩子共同組成的。

相信這份執著與努力，將會是你和你所教的孩子日後回首時，

最幸福的功課！

參考文獻：郝明義、朱衣譯（2003）。如何閱讀一本書（原作者：M. J. Adler & C. V. Doren）。臺北市：臺灣商務。

Chapter 3

當數學在討論中翻轉
～以孩子為主體的「課室討論」

我們的孩子要面對的是一個什麼樣的未來？

急遽變遷
的社會

腦力密集
的年代

無國界的競爭

孩子的
未來

畢達哥拉斯：「在數學的天地裡，

重要的不是我們知道什麼，

而是我們如何知道什麼。」

我們已身處在一個知識爆炸的時代，就在多年前，有誰知道什麼叫「雲端」嗎？而我們的孩子卻不得不面對這樣的未來，一個他們日後出社會時所從事的工作可能到現在都還沒出現的未來！因此，我們在教室裡所習慣上演的教學情節，已到了不改不行的地步，不然，扼殺了孩子的大腦思考力，要他們如何面對這麼具挑戰性的未來呢？

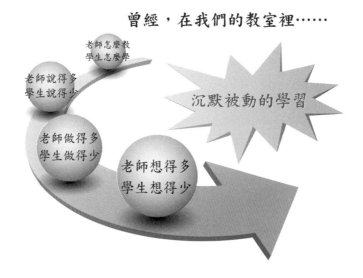

　　對於身處教育第一線且想要幫助孩子走向未來的老師而言，在準備要翻轉教學、適應未來需求之前，需要先想清楚一件事，那就是……

21 世紀孩子的競爭力，究竟在哪裡？

　　我們相信，多元化的思考才能讓孩子在面對多變的外在環境時，擁有解決問題的能力，並能突破困境，掌握自己的未來。

　　但如何能有效地將多元化思考力及解決問題能力的學習落實在教學現場呢？

從教室出發的寧靜革命

～數學課室討論

　　我們常常要孩子多「思考」，但「思考」二字說起來簡單，要紮實地訓練孩子做到，對教學現場的老師卻是莫大的挑戰。

　　「孩子要思考什麼？」「怎麼思考？」這些都需要長時間、有系統的引導及訓練，孩子才有可能產生學習自主性，而不是跟隨老師的指示來思考。因此，孩子必須在從已知走向未知時，能具備解決問題及建構知識的能力，才能體驗到為自己學習作主的喜悅，最終成為學習的主人。在面對多變的未來時，「兵來將擋、水來土掩」的情節，才會在孩子的生命中真實上演！

　　課室討論教學的優點在於老師與孩子們可擁有充分對話的機會，以理解彼此在想法上的異同，這不僅能使老師學習從孩子的角度來思考教學，更促使老師懂得如何以因材施教的方式達到教學目標。因此，「課室討論」便是我們為了因應 21 世紀未來的需求，為孩子打造的學習方式。

　　在本書中，我們主要是以數學領域為實施討論教學的場域，在課室中建立「數學課室討論文化」，透過有組織的安排教材及教法，提供孩子均等學習的機會，提升他們的多元思考力，使孩子願意主動解決問題，並擁有建構知識的能力。

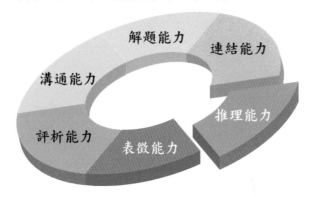

我們的孩子在討論數學中，學到了……

解題能力
連結能力
溝通能力
推理能力
評析能力
表徵能力

在這些數學能力的支撐下，激發出多元化的思考力，
擁有了帶得走的能力。

在教學現場中，我們從孩子的身上驗證出，擁有多元化思考力及解決問題能力的孩子，會將這樣的能力自動遷移到所有的學習領域上。也就是說，我們是藉由「數學」這個學習領域來激發孩子的能力，並且在其他學習領域中，坐享「漁翁得利」之效。

其實，課室討論只是我們為了達成「以孩子為中心」教學理念的教學方式。除此之外，在課程設計與教學活動的安排上，則是以孩子的數學概念發展為前提、認知心理學為基礎，引導孩子經驗生活情境中的數學，讓孩子以學習的舊經驗為基石，透過推理思考、察覺新舊經驗的關聯性，然後建構出新知識。

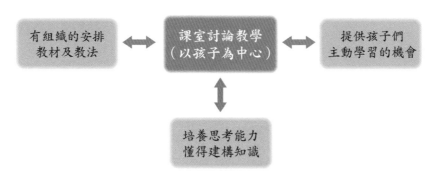

有組織的安排
教材及教法

課室討論教學
（以孩子為中心）

提供孩子們
主動學習的機會

培養思考能力
懂得建構知識

而穩固孩子的舊經驗，到支撐他們建立概念，進而擴張他們的學習，就是我們訓練孩子推理思考的歷程，也是我們身體力行後體悟出的教學信念。

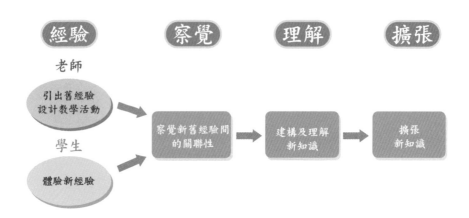

在教學現場中，將「討論」運用在教學上實在不是件新鮮事，但在實施時，又常有實際上的困難，如：

1. 教學時間常因討論過於冗長而不足，不易掌握教學進度。
2. 師生皆不知該如何提問、如何回應對方，討論徒具形式。
3. 孩子無法自主進行推理思考，產生新知識。
4. 低成就孩子無法於討論教學中獲得協助，提升自身能力。
5. 討論時不易聚焦，且秩序常會大亂，費時又費力。

有鑑於此，我們首先要面對的挑戰就是「如何進行有效的課室討論以幫助學生學習？」所以，我們所發展的數學課室討論，不再只是停留在「老師怎麼教」，而是重視「學生怎麼學」，並將學習的責任交付到學生的手上。也就是整體教學都是以孩子為中心，為他們量身打造的。

因此在我們的課室中，重視思考、提問、表達，並運用協同學習的特性，落實「聆聽、判斷、消化、內化」的學習歷程。

在課室討論教學的教室

學生在課堂中的學習是……

小組合作學習

想法交換與分享

孩子是學習的主人

老師提供學習機會
營造安全學習氛圍

這也是本書在之後章節想和大家分享的主軸，讓大家能有機會一窺在教學的背後，身為老師的我們究竟是如何讓孩子在數學領域進行討論式合作學習，並顧及所有的教學面向，達到有效教學。

基本上，我們為了能有效落實「聆聽、判斷、消化、內化」的學習歷程，就以「老師布題、個別解題、小組討論、全班討論」四個步驟作為「數學課室討論教學」的基本流程。在後面的章節中，我們將一一詳述各個流程的內涵。

我們的基本教學流程為……

老師布題	個別解題	小組討論	全班討論
審題與舊經驗的連結。	以既有的數學知識，推理出解題策略。	分享討論，並理解不一樣的思考角度。	評析解題策略，形成共識，並產出新的數學知識。

Chapter **4**

老師布題

～栽下思考的種子⋯⋯

小學階段孩子處於皮亞傑（Jean Piaget）的認知發展階段的具體運思期，老師此時需要提供足夠的教學活動讓孩子經驗，孩子才能進行邏輯思考，獲得實際的概念，最後內化成知識，應用在生活上。因此在數學課室討論教學的現場中，我們提供孩子足夠的機會去操作、經驗，學習從不同的觀點來看事情，客觀的思考數學問題，進而推論出數學知識。

（相關教學紀錄請見：http: //163.19.142.4/wordpress/？p=133
　　　　　　　　　　http: //163.19.142.4/wordpress/？p=156）

因為是以孩子為中心，在數學課室討論的教學現場中，課本所安排的內容不能當聖經來使用，老師需要做不少上課前的準備，像是學期開始前，對教材各單元做完整的審視，並依據孩子的認知特質及知識邏輯加以修改、微調或增補內容；這樣才能在上課時，進行有系統的鋪陳教材，激發孩子對於討論的需求感，再根據討論結果進行推理思考，逐步建構出新

◆ 等值分數（四年級）

知識。這也是為什麼即使在課堂上我們花了很多時間在討論、建構知識，但依然可以不受教學進度壓力的挾持，有效進行教學的原因了！由於受限於篇幅，因此本書著重於教學法上的分享，至於如何組織教材，就得等以後有機會再談囉！

所以，在課堂上我們鮮少讓孩子打開課本來上課，而是在白板上布出一個又一個題目，有系統地讓孩子們思考、解題、討論，為的就是要讓孩子可以不受課本的暗示或制約，而能發展出獨立思考的能力！

◆ 周長與面積（三年級）

適切的布題
～是孩子願意主動揭開探究數學序幕的
重要關鍵！

一　布題的考量～
布題要能激發孩子主動思考，進而產生學習興趣

布題時，我們會以孩子的數學舊經驗為基礎，逐步增加挑戰性，在有點難又不太難的狀況下，讓孩子都能有機會進行推理思考。布題的時機、內容、方式等都要以孩子的需求為出發點，才能激發學習的動機，投入學習活動。

在布題時，我們會考量以下幾點：

1. 布題的內容需明確且符合孩子的生活經驗。

2. 布題的順序和難易，要符合孩子的數學學習邏輯。

3. 布題要能考量孩子的需求。

我們利用下列範例，讓大家看看老師可以如何考量布題順序與難易度，以維持孩子對解題的挑戰性。

教學範例：此連續布題（共 5 題）依序讓孩子經驗「以各種不同方式解題」、「以除法概念解題」、「以乘法概念解題」後，能有效找出某數的所有因數，並運用於解決生活情境問題。

（五年級～認識整除和因數）

(1) 戴老師有 12 片餅乾，每堆要放多少片，才會一樣多，又剛好分完？請想一想分法，並將分法畫出來。

(2) 想想看還有其他的分法嗎？

教學說明

1. 請孩子先將分法畫在解題紀錄上，再寫出相對應的算式。在開放式解題中，我們鼓勵孩子將自己的想法寫下來，所以乘與除的概念都有可能會出現。

例：

$$12 \div 6 = 2 \quad 或 \quad 2 \times 6 = 12$$

2. 完成後先定義「整除」和「因數」的數學性質，再進行 12 的因數探究。

3. 在過程中，引導孩子發現除數、商、被除數之間的「關係」。

$12 \div 1 = 12 \qquad 12 \div 4 = 3$

$12 \div 2 = 6 \qquad 12 \div 6 = 2$

$12 \div 3 = 4 \qquad 12 \div 12 = 1$

4. $12 \div 2 = 6$ 代表 $12 \div 2$ 必等於 6，又發現 $12 \div 6 = 2$，

在乘除互逆的概念支撐下，$12 = 2 \times 6 = 6 \times 2$，

那麼 6 和 2 必都會是 12 的因數。

5. 如果孩子以乘法來解這一題，就需探討乘法交換律，並更進一步了解以乘法找因數的策略。如果孩子未提出，則可先暫緩，待後面的題目 3 再處理。

$$1 \times 12 = 12 \quad \longrightarrow \quad 1 \times 12 = 12 \times 1 \quad \longrightarrow \quad 12 = 1 \times 12$$

$$2 \times 6 = 12 \qquad\qquad 2 \times 6 = 6 \times 2 \qquad\qquad\quad = 2 \times 6$$

$$3 \times 4 = 12 \qquad\qquad\qquad\qquad\qquad\qquad\qquad = 3 \times 4$$

$$4 \times 3 = 12$$

$$6 \times 2 = 12$$

$$12 \times 1 = 12$$

6. 在討論中，如果孩子同時出現以除法和乘法概念來解題，請先討論除法後，再討論乘法，以連結「因數」是以「整除」來定義的概念。

有人送給戴老師 24 根棒棒糖，那麼她可以平分給幾個人？
（請以除法概念來解題）

教學說明

1. 在上一題，我們接受孩子不同的解法，包括乘法和除法。而此題則藉由題目的限制（請以除法概念來解題），用以檢驗孩子對除法的認知是否穩固。

2. 引導孩子發現除數、商、被除數之間的「關係」。

   $24 \div 1 = 24$ $24 \div 6 = 4$

   $24 \div 2 = 12$ $24 \div 8 = 3$

   $24 \div 3 = 8$ $24 \div 12 = 2$

   $24 \div 4 = 6$ $24 \div 24 = 1$

3. $24 \div 3 = 8$ 代表 $24 \div 8$ 必等於 3，也就是只要發現 $24 \div 3 = 8$，那麼 3 和 8 都會是 24 的因數。

4. 回到除法的解題歷程，再次複習數學名詞「因數」的定義。

題目 3

　哪些數是 16 的因數？（請以乘法概念來解題）

教學說明

1. 此題用以檢視孩子對乘法的認知是否穩固。

2. 請引導孩子發現乘法交換律的規律。

$1 \times 16 = 16$ ⟶ $1 \times 16 = 16 \times 1$ ⟶ $16 = 1 \times 16$

$2 \times 8 = 16$ 　　　　$2 \times 8 = 8 \times 2$ 　　　　$= 2 \times 8$

$4 \times 4 = 16$ 　　　　　　　　　　　　　　$= 4 \times 4$

$8 \times 2 = 16$

$16 \times 1 = 16$

3. 讓孩子能以乘法策略來找出所有的因數。

題目 4

(1) 哪些數是 36 的因數？（請以乘法概念來解題）

(2) 36 的最小因數是多少？最大因數又是多少？

教學說明

1. 此題為上題的延伸活動，為了鞏固孩子的新概念。

2. 歸納出「1」是所有整數的最小因數，而數字本身則為最大因數。

3. 能懂得利用乘法交換律，有效率地找出 36 的所有因數。

題目 5

現在戴老師有 64 罐可樂，要平分給幾個人，就可以分完？

教學說明

1. 本題採開放解題，以檢視孩子使用除法或乘法策略的解題表現。

2. 在討論中讓孩子能懂得利用乘法或除法有效率地找出 64 的所有因數。

給老師的悄悄話……

　　如果老師的教學目標是「能理解題意並能懂得運用數學知識進行解題」，那麼我們建議題目中的數字就不要太複雜，以免孩子因計算繁雜而產生錯誤時，讓老師無法在短時間內做出正確的觀察而誤判孩子的學習結果；如果孩子的數學概念已穩固，而老師的教學目標是要提升或檢視計算能力，那麼題目中的數字就可以依需要進行較複雜的變化。

二　布題的形式～
依教學需求變化布題形式

各位老師，你可曾想過，數學布題的變化可能有多少類型呢？

在教學中，依教學需求來布題，除了布題內容要考量之外，布題的形式也能為教學大大加分喔！布題的形式不拘，文字題、圖形題都可，甚至於與孩子互動共同布題，孩子也會感到無比樂趣！以下是我們在課堂上各種不同的布題形式，提供老師們參考。

生活化布題

老師依據孩子感興趣的生活經驗作為題目的主要文字內容，舉凡生活中的點點滴滴，孩子之間流行的次文化內容等都可入題，效果非常好！

教學範例 1：此題藉由詢問孩子喜歡看的卡通節目播放時間來完成數學布題。

（三年級～時間與時刻）

> **題目▶**
>
> （　　　）卡通是從下午（　　　）時開始播出，卡通節目的播放時間是（　　　）分鐘，所以（　　　）播放結束會在什麼時候？

◀教學說明🔆

當孩子分享自己愛看的卡通時，總是特別熱情激動。這堂課孩子分享

了「我們這一家」這部卡通，當然播出時間有多長是一定要知道的，因為看卡通的時間特別珍貴，分分秒秒都不能錯過啊！

教學範例 2：解決商數是否需要加 1 的問題。

（三年級～除法）

　　我們班含老師共有 30 人，準備去看新竹市的恐龍特展，每位家長的車子只能坐 4 個人，那麼我們要徵求多少位家長來幫忙，才能帶所有的人去看展覽呢？

教學說明

　　當孩子們將 30÷4＝7…2，發現餘數為 2 時，會有孩子認為需要 7 輛，也會有孩子堅持要 8 輛。那麼去發現究竟誰是對的，這個討論的內容便會和生活緊緊相扣。當有人提出會有 2 人沒車坐時，那麼要把商加 1 的需求感就會很強烈（因為可沒有一個孩子想要成為那兩個被遺棄在學校不能去的人啊！）。像這樣類型的題目，便會很容易讓孩子留下深刻的印象。訓練多了以後，孩子在解題時，便會懂得思考答案合理性的重要。

類型二

　　以老師為題目中的主角，讓孩子來協助老師解決問題。這樣的「解救老師」題，除了可以引起孩子的興趣，激發出一定的挑戰能量，老師還可以一邊裝笨一邊繼續布題，讓孩子在助人為快樂之本的情境下，不知不覺體驗到用數學解決生活問題的歷程。

教學範例：在布題時以口語説明給予孩子一定的限制，提高解題的需求感。

（三年級～認識估算）

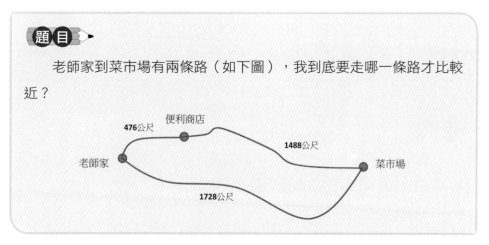

孩子説：「把 476＋1488 所得的答案和 1728 相比就知道了。」

老師説：「我沒帶紙筆和計算機，而且我的心算很差勁！」

孩子又説：「那拿一條線分別在圖上量這兩條路，再相比就知道了。」

老師繼續耍賴説：「我身上沒有繩子或線，無法測量地圖，而且這地圖也不一定很準確啊！」

孩子終於説：「看 476 和 1488 的百位數就會發現 400＋400 是 800，比 1728 的百位 700 還大，因此一定是不經過便利商店的那條路近。」

教學說明

孩子在老師的設限下，應用「估算」來解決問題的需求感就會自然產生了！孩子終會發現 476 和 1488 這兩數的百位數（400＋400）是 800，比 1728 的百位 700 還大，根本無需算出實際的距離，就能發現經過便利商店的那條路絕對不會比較近！此時孩子估算的基本概念已經被引導出來，接下來就該由老師接手繼續布下一題或和孩子共同澄清概念了。

互動式布題

類型一

　　和孩子討論題目的數字該如何安排，可以增加孩子的參與度、檢視孩子對數或量的感覺，以及連結數學與生活的關係。

教學範例：提供機會讓孩子表達對時間的量感，師生共同完成布題。

　　　　　　（五年級～時間的計算）

> **題目** ▶
>
> 　　小丸子今天寫作文花了（　　　）小時，休息（　　　）分鐘後，又看了（　　　）小時的電視節目，因此小丸子今天從寫作文到看完電視節目共花了多少時間？

教學說明 💡

　　孩子依據在生活經驗中，對時間量感的想法相互討論後，最後所得到的共識是寫作文 $1\frac{1}{4}$ 小時、休息 30 分鐘、看電視 0.75 小時。我們可以檢視孩子對生活中的時間量是否有感，並可察覺到孩子對以分數或小數來表示時間量是否合適。

類型二

　　藉由和孩子討論題目的文字安排內容，能讓孩子學習判斷生活數學的合理性。

以下題為例，有的時候像這樣，在題目中只有直述句，沒有顯示待解決問題的疑問句，能使孩子不會因急於解題而不將題目看完，結果誤解了題意。且這樣的布題能幫助孩子養成審題的好習慣，大家先一起確認一部分的題意無誤之後，老師再提出要解決的問題，也是個不錯的布題方式喔！

教學範例：讓孩子根據題目中的數字，做出正確的題目敘述。

（三年級～四位數的加減運算）

一台遙控飛機 3298 元，

一台遙控汽車比一台遙控飛機（便宜／貴）1514 元。

教學說明

在解題前可以先和孩子討論該選「便宜」，還是「貴」呢？經過討論，孩子從生活經驗確認答案應該是「便宜」，這也代表著孩子已經進入題目的意境中，然後老師就可以接著問：「請問一台遙控汽車多少元？」

類型三

若孩子的數學概念更好時，甚至可以讓他們根據題目中已有的敘述文句，提出更多相關的問題，以刺激他們的數學思考能力。

教學範例：接上題，老師提供機會讓孩子布題。

> **題目**
>
> 一台遙控飛機 3298 元，一台遙控汽車比一台遙控飛機便宜 1514 元。

教學說明

當老師問完孩子：「我們可以根據題目的內容問哪些數學問題呢？」孩子們的回答有：

1. 一台遙控汽車多少元？
2. 一台遙控飛機和一台遙控汽車共要多少元？
3. 一台遙控飛機和一台遙控汽車相差多少元？

老師可以根據教學目標需要，選擇合適的布題來讓大家試試看，如果孩子出現不適當的布題內容，那也是個好的討論契機！互動式的布題不僅讓孩子上課有參與感，還提供他們學習擬題的機會，可說是一舉兩得呢！

提升辨識力的布題

這類布題是老師故意將題目布得不完整，目的是要讓孩子在解題過程中發現題目的瑕疵，藉以讓孩子進行審題的活動，懂得「理解題意才是解題的開始」，以培養好的解題習慣，並訓練邏輯思考能力。

教學範例：解決商數是否需要加 1 的問題。

（三年級～除法）

> 有 76 個人要搭船，一艘船只能載 9 個人，要幾艘船才可以載完全部的人？

教學說明

依題意「一艘船只能載 9 個人，要幾艘船……」，那麼試想一艘船只載 1 人，行嗎？當然沒問題！所以孩子們回答「需要 76 艘船」也沒錯呀！但這可誤解了這題想要藉由除法問題探討餘數與題意情境關係的目的了。因此孩子需要察覺到題意的瑕疵，經討論後修正題意成「一艘船『最多』能載 9 個人，『最少』要幾艘船……」，這樣才能開始解題。

給老師的悄悄話……

雖說是刻意的錯誤布題，但其目的是要強化孩子的思辨能力，並發展推理思考能力。這樣日後無論是老師布題有瑕疵，或習作之類的作業布題文字出錯時，孩子才會發揮智力自主性，提出質疑並思考如何修正，而不是被迫遵循既定的答案。

開放性布題

此類布題目的在打破孩子思考的框架，藉由孩子不同的解題策略，以激發多元思考，並建構出穩固的數學概念。

開放性布題常會應用在以下三種情況：

1. 為了檢驗數學知識彼此之間的連結是否正確，並且達到多元思考的目的。（如教學範例「五年級～多邊形的內角和」，見 p. 78。）

2. 可在新概念建立初期，老師提供機會，讓孩子在經驗中察覺知識，並可檢視孩子在學習初的原始想法。（如教室裡的故事「柱體與椎體　六年級」，見 p. 79。）

3. 可利用開放性布題，同時複習舊經驗並刺激新經驗的產生。（如教學範例「四年級～時間的計算」，見 p. 82。）

給老師的悄悄話……

　　開放性布題看似簡單，實則考驗老師的教學功力。由於是刻意把解題的答案框架拿掉，因此當孩子們大鳴大放時，請不要緊張，只要回到「想清楚、說明白」的共識，讓孩子們有機會說明，那麼在說明的過程中，自然就會去蕪存菁、亂中有序，而不是霧裡看花了！

教學範例 1：改寫此題題目以刺激孩子有多元化的解題想法。

（五年級～多邊形的內角和）

	題目	解題策略
課本布題 （封閉性）	右邊是一個五邊形。說說看，它可以切成幾個三角形？這個五邊形的內角和是多少度？	180×3　　學生思考受限
我們的布題 （開放性） 學生思考多元化	右邊這一個五邊形的內角和是多少度呢？	(1) 360＋180　　(2) 180×5－360 (3) 360＋180×3－360　　(4) 180×3

教學說明

　　以上四種不同的解題策略說明了孩子具有多元化思考的能力；更進一步來看，還可從 180×5－360 和 360＋180×3－360 的解題策略中，看到孩子對內角定義的認知十分正確。

　　由此我們可以清楚看見，在解題策略多元化的展現中，只要孩子們的數學舊經驗是穩固的，便能將三角形及四邊形內角和的概念靈活運用了，並不需要去死背公式。

♜ 教室裡的故事：2012.09.07

（教學單元：柱體與椎體　六年級　第一節課）

我們知道在現實生活中的柱體與椎體並不一定是以這樣的形體呈現的，但我們為孩子製作了一些「很有趣」的柱體與椎體（如右圖），以協助孩子更能辨別及確認柱體與椎體的特徵。我們不使用坊間的產品包裝盒，是因為絕大多數的包裝盒並非是真正的柱體與椎體，僅是類似而已。

「噹噹噹！」上課了！孩子們開始拿出數學附件及老師為他們準備的其他附件，共計有 17 個立體形體。

今天的任務很簡單，就是要依據數學概念來將這 17 個立體形體進行分類，不管要分幾類都可以，只要能用數學語言將自己的分類說清楚，並獲得大家的認同即可，這個任務夠簡單了吧？

有東西可以操作，當然是孩子們的最愛，只見他們先自行分類確認無誤後，便依序向小組的同學進行分享與討論。

接下來好戲就要上場了！各組開始上台報告他們的分類共識。

剛開始學生的「語言」有些混亂，有人說他們是依據有沒有「尖尖的」來分類……；有人說他們是依據看起來像不像「柱子」來分類……；當然這樣的說法很快就被其他同學問倒了！

另外也有人說是以立體的平面中有沒有形成「角」來分成兩類（如左圖）。

還有人說是分成三類，分別為：

1. 任一平面沒有「角」。
2. 其中有一平面上的相對方向有形成一個頂點。
3. 有一對平行面。

也有人說將有一對平行面的立體分一類；另一類則為其中有一平面上的相對方向形成一個頂點……

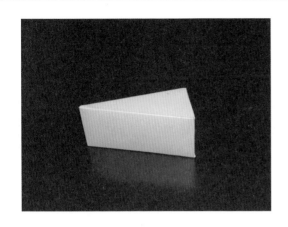

令人跌破眼鏡的是，其中有一個立體難倒了不少孩子，就是「它」，這個長得像起司蛋糕的三角柱。因為這樣放好像有一對平行面。

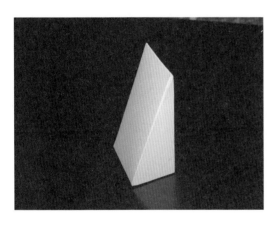

可是這樣放又好像其中有一平面上的相對方向有形成一個頂點。

很有趣吧！孩子們竟然會對這個三角柱產生迷思，而且是生活中很常見的形體。由此可知，孩子眼中的世界真的與「大人」不同啊！

在這樣的學習過程中，孩子體驗到使用數學語言的重要性，並也在問答之間，複習了有關幾何的舊經驗，如角、平行、頂點等的定義。

雖然孩子的分類不似課本上所預期的分成柱體和椎體兩類，但在這樣的過程中，能讓孩子仔細觀察立體的形體，並自行去推理出合理的分類依據且更能強化後續柱體和椎體的學習。相信日後任何一種立體放到孩子的手中，他們都可以立即分辨出是不是椎體或柱體，因為他們可以清楚告訴你「為什麼」。

教學範例 2：此題的安排提供孩子整合有關時間的各單位關係，以協助解題。

（四年級～時間的計算）

　　新竹市的自來水公司因為重要管線破裂，需要停水 28 小時，請問還有其他不同的表示方法，來說明停水的時間嗎？

◀教學說明💡

　　布這題的用意是趁機讓孩子有機會「想盡辦法」去把三年級學過的時、分、秒的 60 進位複習一次，更因為日的 24 進位其實是與生活經驗息息相關的，所以這樣的布題，反倒能不著痕跡地把新舊經驗連結在一起，讓知識進行有效的統整。

避免布「雞婆」題

　　基本上在布題時，題目中所提供的資訊只要足夠讓孩子解題即可，其他的不要多給，這樣孩子才會勤於審視題目中的每個字句，不養成依賴文字模式，投機取巧的壞習慣。

　　常在課本上看到這類指示性十足的數學題目，像是「王老闆有 205 顆橘子，每 20 顆裝一箱，共可裝多少箱？剩下多少顆？」這樣的題目往往已經暗示了答案一定不能整除且有餘數。若是改成以下的布題，較能提供孩子更多討論與思辨的機會。

教學範例：提供孩子對審題的需求感。

（三年級～除法）

205 顆橘子，每 20 顆裝一箱，最多可裝多少箱？

教學說明

在這一題的討論中，因為孩子不知是否有餘數，因此他們在審題時，會自然將焦點放在「最多」兩字。當出現餘數時，也會自動去釐清餘數的出現是否能符合題意，最後就會對有沒有「最多」這兩個字的差別在哪裡產生深刻的印象。因此，像這樣的布題，會讓孩子對於題意產生更多的關注。

（相關教學紀錄請見：http://163.19.142.4/wordpress/？p=671）

「多此一舉」布題

我們會在這類型的布題中，多加一些數字資訊，但事實上是與解題無關的，目的在檢視孩子的審題是否精確。

教學範例：讓孩子學習判斷題意的訊息是否有助於解題。

（五年級～容積）

題目

用厚度 1 公分的木板做成一個有蓋的長方體盒子，盒子裡面長 12 公分、寬 6 公分、高 4 公分。這個盒子的容積是多少？

教學說明

在教學現場的觀察中，發現孩子常會衝動地不審視文句的意思，就直接將長、寬、高的長度扣除厚度後算出容積。而事實上，題目所給的是「盒子裡面」的長、寬、高，所以「厚度 1 公分」是題目中多餘的資訊。

給老師的悄悄話……

不知道為什麼，每回布這樣的題目，雖然有的孩子是因為審題不確實而出錯，但也有一些孩子是執著於「數學題目上所有出現的數字都是必須要應用在解題上才行」，因此即使審題時認為不該扣除厚度，後來還是會因為這個執念而寫錯了。無論如何，這樣的布題都會讓孩子更深刻體會到分辨出真正題意的重要性。

題目應該不會出錯吧？

老師是不會錯的嗎？

在學習的路上，

保持一顆懂得「存疑」的心，

是十分重要的。

三　培養孩子審題的能力

　　教室裡的學習主角雖然是孩子，但在學習的過程中，老師也是要學習的——學習尊重、學習等待。老師你可以做的是：

　　1. 給孩子足夠閱讀題目的時間。

　　2. 行動上具體支持能對題目提出疑問的孩子。

　　3. 在審題的過程中，除了發現問題，也可以與孩子共同修正題意。

　　在審題的過程中，除非問題已經涉及到解題的方法，不然我們應該尊重孩子的疑問，並重視孩子的問題。大家也可以從前面的內容中發現，我們所設計的各類型布題，基本上審題的活動都隱含在其中，因為正確的審題才會使後續的解題產生意義啊！

　　下面是在我們課堂中的例子：

教學範例 1：此題題意較為繁複，孩子較有畫線段圖的需求感。

（四年級～小數的計算）

題目▶

甲乙兩隻烏龜分別站在山頂和山腳下，甲烏龜每小時爬行 2.07 公尺下山，乙烏龜每小時爬行 1.75 公尺上山，兩隻烏龜分別從山頂和山腳同時出發爬行 10 小時後，彼此還相距 9.8 公尺，請問這條山路有多長？（請先畫出線段圖，再以一個算式將問題記下來並計算出答案。）

在畫線段圖來分析題意的過程中，孩子出現了兩種線段圖：

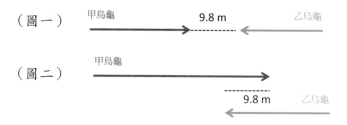

（圖一）

（圖二）

教學說明

仔細想想，這兩種線段圖都是符合題意的，因此不忽視孩子發現題意的問題，承認布題上的錯誤並引導進行修正，都是教與學的重要過程。

給老師的悄悄話……

如果是在開始解題後才發現問題，老師也可以隨機停止解題，引導孩子重新審題，進行思辨。若是解題完成後才發現問題，也可以作為後續教學時一個很好的切入點，繼續進行討論喔！

教學範例 2：此題題意乍看之下並無疑慮，但在解題之後，會讓孩子在答案與題意中產生認知衝突。

（四年級～周長與面積）

題目

小明有一張長 16 公分、寬 13 公分的壁報紙。他想用邊長 2 公分的正方形色卡貼滿壁報紙，請問這張壁報紙共可貼多少張正方形色卡？

解法 (1)　16÷2＝8　　　　　解法 (2)　16×13＝208

13÷2＝6…1　　　　　　　　　2×2＝4

8×6＝48　　　　　　　　　　208÷4＝52

答：48 張　　　　　　　　　　答：52 張

有的孩子認為根據題意是要採解法(1)的概念來解題才對，可是也有孩子提出反駁，認為題目並未說「正方形卡紙是不可切割」的，因此如果要符合「貼滿」壁報紙的題意要求，必須把正方形卡紙切割後貼滿才對，所以解法(2)也沒錯啊！因此在老師與孩子討論之後，所達到的共識是「如果不改題目，那麼對於解題策略的說明必須清楚表達是在切割還是不切割色卡的狀態下解題」，而事實上本題應該加上「正方形色卡是不可分割的」條件，這樣題意才會明確。

教學說明

孩子原本對於此題的題意是沒有疑慮的，但在解題的過程中，逐漸產生了思考上的衝突：「壁報紙剩下的空間需要再繼續貼滿嗎？」後來在全班討論中，孩子對於「貼滿」二字產生了老師原先布題時完全沒有想到的看法，而這樣的教學讓孩子與老師都享受到學習思辨的樂趣，並在討論中收穫滿滿。

教學範例 3：此題的題意敘述有語病，反倒讓孩子在解題中有機會察覺並討論。

（三年級～除法）

圖書館有 48 本書，一個書櫃要放 9 本書，最少要幾個書櫃才夠放？

孩子很快就完成解題了，不過在小組討論時卻發生了不少爭議，原來大家對於剩下的 3 本書究竟該如何處理意見分歧，此時大家紛紛提出不同的看法……

這究竟是怎麼一回事呢？不是應該這樣解題嗎？

48÷9＝5…3

5＋1＝6　　　答：要 6 個書櫃才夠

後來經全班討論才發現，原來在題目中的「一個書櫃『要』放 9 本書」這句話產生了語病。從另一個角度來思考，似乎題意是在說「一個書櫃非得要放 9 本書」不可，也就是一個書櫃的書本數不可以少於 9 本。因此在老師與孩子的討論之後，所達到的共識是將「一個書櫃『要』放 9 本書」這句話，改成「一個書櫃『最多可以』放 9 本書」，才解決了這個爭議，達到了共識。

教學說明

完整教學紀錄請見 http: //163.19.142.4/wordpress/？ p=123。

**培養學生能自行審題，
並學習提出關於「題意的疑問」。**
～這是發展孩子們獨立思考的重要契機！

　　老師要盡力提供孩子公開說明自己對題目想法的機會，這是他們的學習權利，也是發展自我思考能力的重要契機。

　　如果老師因教學時間的緊迫或老師個人對孩子的成見，選擇忽視或主觀地不願聆聽孩子的疑問，那麼孩子就會怯於分享自己的想法或提出疑問，當然也就無法展現學習上的自信，以及勇於質疑的學習態度，這樣孩子就會失去成為學習主人的機會。

給老師的悄悄話⋯⋯

　　在我們的課室中，只要孩子能「想清楚、說明白」他們的想法，不論是對或錯，我們都會給予一定的肯定，這樣才能奠定他們獨立推理思考的基石。

　　這樣的堅持是因為我們是一個學習共同體，只要孩子能言之有「理」，就可視為他們在「思考」的證據。此外，我們還可以藉由他們的理由去深究或釐清迷思概念，所以當然不能忽視像這樣的貢獻，一定要給予孩子肯定喔！

有關「老師布題」的相關問題

Q1：如何選擇題目？

A1：這真是個好問題！這個問題與「如何選一份餐」是難度相同的。選一份餐會考量自身的能力（食量有多大呀？錢帶夠了嗎？）、用餐的時間、共同用餐的對象等。選一個題目當然也得考量老師自身的能力（教學準備有多少？教學知能夠嗎？）、教學的時間、參與討論孩子的學習背景等等。

還有，你為何選這個題目如同你為何選這份餐一樣重要！也就是說，一定要先確認自己的教學目標為何，因為這種種考量都會讓你的題目一變再變。但無論如何，千萬別忘了孩子才是學習的主角，我們的布題是為了配合孩子的學習才改變，並不是為了改變而改變，因此可千萬別出個怪題目，壞了孩子的學習胃口。而無趣、沒有挑戰度、題意模糊，這些都是怪題目的特徵，「請避開它！」

老師在初期還未能完全掌握布題時，也可先以課本的布題作為選題的基礎，再來刪題、增題、換題或改題，這樣選個好題目也就沒這麼難了！

Q2：布題後該注意的事項？

A2：當題目揭示之後，老師必做的第一件事就是確認孩子是否了解題意。以下題為例：

> 圖書館有 48 本書，一個書櫃最多可以放 9 本書，最少要幾個書櫃才夠放？

你可以口頭直接提問問題，例如：

1. 圖書館共有幾本書？

2. 一個書櫃可以放幾本書？

3. 我們要解決的問題是什麼？

你也可以挑戰孩子的理解度，例如：

1. 請你說說看，你從題目得到什麼訊息？

2. 題目的敘述所提供的條件是否足夠提供你解題？

　　提問的目的可以提高孩子在解題前的專心度，也可以進一步確認孩子是否理解題意。孩子如果連題意都無法了解，那要進入解題階段就會更難了，所以「確認孩子是否了解題意」是非常重要的。

Q3：如何判斷題目的難易度？

A3：課本的布題是絕不可能滿足所有孩子的，有時必須適度修改題目的難易度，以達到適性學習的目的，並考量孩子在學習上的個別差異。

　　在教學現場該如何判斷題目太難或太簡單呢？以孩子為學習中心的討論教學就是要從了解孩子開始。也就是說，在布題前，老師應先了解「孩子的先備經驗（舊經驗）有哪些」，除了以此為起點思考外，接著就是去推估「孩子會依據什麼樣的舊經驗來解決此問題」。

　　有了預先的準備與思考，便可以站在孩子的角度去預想「孩子在解題時可能會遇到什麼困難」，或者「在解題的過程中，孩子會偏向哪一種解題策略」。這樣我們就能在有依據的狀況下，合理預測孩子的學習表現，藉以調整布題的難易度。

　　當然，如果在布完題之後，發現孩子們面面相覷、一頭霧水的樣子，你需要做明快的處理，先停止解題活動，和孩子們對話，以釐清究竟是「題意表達不清」，還是「題目的難易度需做調整」，才能符合學生循序漸進的學習歷程，為他們打造專屬的學習歷程。

Chapter **5**

個別解題

～推理的萌芽，獨立思考的關鍵

與自己對話！
～想清楚、寫完整、說明白

　　「個別解題」是提供孩子與自己對話的重要時刻。因為獨立思考的精神在於在不停的探索、觀察、辯證過程中，永遠保有與自己對話的時間，才能經歷內化與回饋的思考歷程，因此這個學習階段是進行數學課室討論最安靜、但也是最珍貴的時光！

　　此時，老師的行間巡視正是影響後續教學的關鍵。我們會在此一時段全面觀察孩子的解題表現，以進行形成性評量，並且開始在心裡盤算接下來的教學該如何與孩子的解題表現無縫接軌。因此，我們必須在孩子解題結束前，就擬定出後續可能的教學策略及課室討論的進行模式，以利後續教學的進行。所以，在個別解題結束前，老師看起來也許是優雅地在教室中走來走去，但其實在腦子裡的思考運作卻是忙碌不停、無法關機呀！

等待、關注孩子的個別表現

在「個別解題」這個階段，老師與孩子各自有該忙碌的事。當孩子忙著解題，那麼老師要做的事有哪些呢？

1. 給孩子足夠的思考和解題時間。
2. 利用行間巡視了解孩子的解題策略及錯誤迷思，並推測孩子的原始想法。
3. 孩子需安靜作答不可討論，對無法順利解題的孩子，老師則依個別差異，給予適度的指導或不指導，其他就等待後續的討論進行時，再進行釐清。

因此，你可以發現，實踐「以孩子為主體」的教學，就從在課堂上讓每一個孩子都有機會完整表達自己的想法開始！

二 肯定孩子的表現，營造安全學習氛圍

孩子在解題時的最大恐慌，莫過於紙上空空如也，一個字也寫不出來！「空白」不代表孩子一無是處，也不代表孩子什麼都不會，只要他對思考有投入心力，即便寫不出來，我們也應該讓孩子知道不需因此而感到不安，只要保持認真的學習態度，之後還有更多的學習機會（如小組討論、全班討論）在等待著他們。

對於未完成解題的孩子，我們會鼓勵他在後續的小組討論中說出他的困惑並請求協助，這時候已完成解題的孩子便會適時幫助他；如果大家都無法想出解決的辦法，或無法理解他的疑惑，就要在全班討論時再提出，藉由大家的力量一起來解決問題。

孩子也會在多次討論的經驗中了解，分享自己的解題策略不僅能測試自己是否真的完全理解數學概念，也會察覺自己的數學溝通能力隨著和同學互動時的用心程度而正向茁壯，這樣的正向經驗會驅使他們更加投入於討論活動中。

還有，對於沒寫完解題紀錄的孩子，我們會鼓勵他別緊張、別擔心，沒寫出來的部分也可以用口說方式來代替。只要孩子能認真將自己所想的充分表達出來，這就是參與討論的最佳態度表現。

總而言之，不論孩子們能不能順利解題，我們都要讓他們感受到老師和小組成員會肯定他們在思考解題策略上的努力，這也鼓勵了他們在之後的討論中能忠實說出自己的原始想法。

給老師的悄悄話⋯⋯

沒有進過我們課室做觀察的老師，一定會懷疑孩子真的能「老實」承認自己不會，並且不用左右觀察法，最後硬是在解題紀錄上寫些字嗎？

其實，一開始是會的，那是受以前學習習慣的影響，但在課室討論的逐步運作下，孩子真的會理所當然地保持解題紀錄上的「空白」，原因不外有二：

1. 孩子最終會了解全班都會是他的應援團，只要他願意表現出想解決問題的態度，大家都會互相幫助，沒有人會笑「不懂的人」。

2. 由於每個人都要對紀錄上的內容進行說明，因此只是抄別人的卻沒有自己的想法，就會在討論時讓自己下不了台！

此外，每個人解題所需的時間不同。當孩子完成解題紀錄，等待別人解題時，一定要鼓勵他們去思考有沒有其他的解題方法，如果時間允許的話，請他一併記錄下來。我們鼓勵孩子多元思考，想想不同的解題策略，才有比較解題效度優劣的機會。

而等待同學解題的同時，我們也可以訓練孩子養成先自行練習說明解題想法的習慣，鼓勵他們利用這個時間好好想一想，在小組討論時該如何有條理地清楚說出自己的想法。這不但能提升討論的品質，對於培養學生的數學溝通能力也是很有幫助的。

訓練孩子有條理地記錄

解題紀錄是後續討論的重要依據，因此訓練孩子書寫符合數學知識的紀錄，是一個相當重要的課題。在書寫形式上，為了方便孩子到台前將解題紀錄展示給同學看，我們的做法是讓孩子以美工筆（白板筆）書寫在和桌面一樣大小的白紙（磁鐵白板）上。同時，在紙張的右上角寫上編號，例如：2-3-25（組別—發表序號—座號）這樣一來，解題紀錄就不會搞混了，而且可供老師課後檢視解題紀錄時，知道所檢視的對象是誰。

除此之外，在書寫的習慣上，我們會訓練孩子在記錄前，能先考量自己想寫的內容和白紙（磁鐵白板）上的空間，盡量要符合從左到右、從上到下的紀錄原則。此外，還要訓練孩子將紀錄內容放大書寫，可讓坐後排的孩子也看得清楚。建立這些紀錄共識後，不但能讓彼此更快速地閱讀他人的紀錄，在紙筆作業或測驗上也能養成好的書寫習慣。

基本上，有的孩子在書寫時會採用算式表徵加上文字說明輔助，以提醒自己在討論時要說明的重點；有的孩子會以圖像表徵來呈現運算的過程，以方便溝通；這些都是孩子展現思考歷程的好方法，只要他們覺得在溝通上是有必要呈現的就可以寫出來。

教學範例： 此布題採用生活中使用錢幣的情境，讓孩子得以有多元化的表徵紀錄。

（三年級～四位數的加減計算）

淑惠有 2035 元，用掉 100 元後，還剩下多少元？

孩子的解題紀錄：

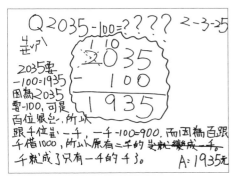

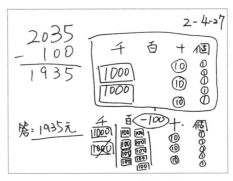

算式表徵＋文字說明　　　　　　　算式表徵＋圖像表徵

 四　訓練孩子寫出正確的數學表徵

　　數學表徵是孩子將自己思考數學的過程，使用文字、圖像、數字及數學符號等記錄下來的結果。

　　在國小階段的表徵可能是圖像、文字說明或數學算式，只要能清楚將抽象化的數學知識進行轉化即可。因為運用多樣化的數學表徵，不僅能增進對數學知識的理解，更是作為與他人溝通數學想法的重要媒介。

　　因此，如何寫出完整的數學表徵是十分重要的。當然在低、中年級時，孩子使用圖像或文字的比例會偏高；到了高年級，大多數的孩子則採用抽象的數學算式來表達自己的想法。

　　孩子在小組討論時，不僅應該專注於彼此的口語說明，對於數學表徵的正確及完整性也應給予相同的關注。在討論的過程中，孩子在說明解題策略時，應回到題目去說明自己的表徵意義，其他成員除了確認口語說明的合理性之外，也要檢查數學表徵與口語說明是否相符或有遺漏，如果對解題策略無疑問但對表徵有疑慮，大家就必須再討論，以確實做到「說的

和寫的一致」這件事。

　　一旦孩子具有正確的數學表徵能力，能夠正確呈現自己的數學想法，再配合適當的口語說明，小組討論就更容易聚焦，也會更有效率了。

　　接下來，以此題為例，來說明表徵的重要性。

　　馮老師買了 120 條巧克力，其中的 10 條要請其他老師吃，剩下的想平分成 5 包，當作給小朋友的獎品，請問每包有多少條巧克力？
（列式表示題意，不用算出答案）

$$3-2-6$$
$$120-10\div 5$$

　　以表徵來看，四則運算的規則是先乘除後加減，所以在未聽到孩子的說明前，大家都認為他的解題策略是錯誤的，因為他先將老師要請其他老師的巧克力平分成 5 份，然後再從 120 條中扣除。但聆聽孩子的說明後，大家才發現他的解題策略是對的，他想先算出剩下多少的巧克力，然後再平分成 5 包，因此他的算式表徵應該修正為（120－10）÷5 才對。藉由這樣的澄清過程，孩子才會對「要寫出正確數學表徵」這件事產生需求感，並理解到寫出正確的數學表徵是為了與人溝通，不然誤會可就大了！

　　此外，一般人都會認為圖像表徵僅適用於低、中年級，但別忘了國小階段的孩子都處於皮亞傑在認知心理學上所稱的「具體運思期」，因此適切地運用圖像表徵，有時對於較抽象的數學概念與複雜的解題策略，會更容易理解與溝通。接著我們以下例來做說明：

（教學單元：複合圖形的面積計算　六年級　第一節課）

　　在做與圓周率 3.14 相關的計算時，孩子在計算部分的出錯率較高，總會影響解題策略的討論。為了讓孩子們能將思考焦點放在解題策略上，且不因算式表徵或計算過程的複雜而混淆思緒，因此一開始的布題老師沒有給予任何數字，僅引導孩子以圖示來說明自己的解題策略，並在小組討論中形成共識後，再把解題紀錄貼到大白板上。

　　當日全班討論的基本流程，是逐一檢視各組的共識，只要大家都認同某一組所提出的解題策略後，老師就提供解題資訊，將此正方形視為邊長 10 公分，然後就由所有人共同計算出答案了！這樣孩子減低了計算壓力，在討論時更能專心思考解題上的策略了！

　　以下是孩子們利用連續兩堂數學課所完成的解題紀錄討論及計算的結果，我們可以看出孩子們自主且又多元的思考表現。

題目

　　請算出這個圖形中，灰色部分的面積是多少？

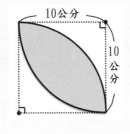

10公分

10公分

解題策略及算式紀錄 1：

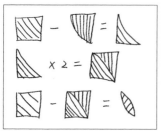

8-1-3

$$10 \times 10 = 100$$
$$10 \times 10 \times 3.14 \div 4 = 78.5$$
$$100 - 78.5 = 21.5$$
$$21.5 \times 2 = 43$$
$$100 - 43 = 57$$
$$A : 57_{cm}{}^2$$

解題策略及算式紀錄 2：

先算出 ◻ 的面積
3-2-18
再減掉 △、△ = ◻
= ◻ － ◻

$$10 \times 10 = 100$$
$$10 \times 10 \times 3.14 \div 4 = 78.5$$
$$100 - 78.5 = 21.5$$
$$78.5 - 21.5 = 57$$
$$A : 57_{cm}{}^2$$

解題策略及算式紀錄 3：

$$10 \times 10 \times 3.14 \times \frac{1}{4} \times 2$$
$$= 157$$
$$10 \times 10 = 100$$
$$157 - 100 = 57$$
$$\text{A：57cm}^2$$

4-3-20

解題策略及算式紀錄 4：

（將題目的複合圖形複製四次拼在一起，形成一個大正方形來解題。）

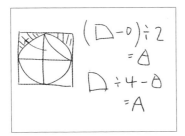

$$10 + 10 = 20$$
$$20 \times 20 = 400$$
$$10 \times 10 \times 3.14 = 314$$
$$(400 - 314) \div 2 = 43$$
$$(400 \div 4) - 43$$
$$= 57$$
$$\text{A：57cm}^2$$

6-3-1

解題策略及算式紀錄 5：

（將題目複合圖形中的四分之一圓複製四次拼在一起成為一個大圓，然後再將題目複合圖形中的二分之一的直角三角形複製四次拼在一起成為一個大正方形，並放入大圓中，因此解題者認為此大圓的半徑應為 10 公分。）

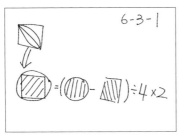

孩子們在理解解題策略後，大家在計算上又遇到了問題。他們算不出 57 平方公分的答案，反倒算出了 107 平方公分。

$$10 \times 10 \times 3.14 - 10 \times 10 \div 4 \times 2$$
$$= (314 - 100) \div 4 \times 2$$
$$= 214 \div 4 \times 2$$
$$= 53.5 \times 2$$
$$= 107$$

10公分

10
公分

經過討論後發現，原來大多數人誤將複合圖形中正方形的對角線長度當作正方形的邊長 10 公分了。這樣下一個問題又來了，到底正方形的邊長是多少呢？

在全班討論時，經由老師的引導，孩子們發現可以將正方形先切成 4 個全等直角三角形，而這直角三角形的邊長就是複合圖形中正方形的邊長 10 公分，所以要算出正方形面積是不難的。接下來再算出三角形的面積，就能依照解題策略算出 57 平方公分了。

5-4-13

$$10 \times 10 \times 3.14 = 314$$
$$10 \times 10 \div 2 \times 4 = 200$$
$$314 - 200 = 114$$
$$114 \div 4 \times 2 = 28.5 \times 2$$
$$= 57.0$$
$$A = 57 cm^2$$

有關「個別解題」的相關問題

Q1：學生解題時常常左顧右盼，抄襲別人的答案，該如何處理？

A1：呵呵！孩子剛開始學習「個別解題」的相關技巧及規範時，有這樣的表現是正常的呀！老師你千萬別罵人，孩子在做這件事的時候，其實也很擔心被老師你銳利的雙眼發現喔！我們換個角度想想，要避免孩子有此行為，是該制止他（不准看別人的！）、恐嚇他（再看就去罰站！）嗎？其實那都只是治標不治本，問題的根源在於孩子沒有信心進行解題，或是根本不知如何解才好？如果你我也遇到如此窘境，會不會表現得也像孩子一樣不知所措呢？所以建議老師先以提升孩子自信為首要之事，當他有自信時，就算寫不出來，也會勇敢表達出「我不知道怎麼寫」的訊息，這樣就啟發了他主動學習的第一步了！

Q2：如何提升孩子的自信心？

A2：我們常常鼓勵孩子要有自信，但是口號式的呼喊是很抽象的，如何具體地讓孩子有自信，可以先從兩部分著手。

首先，我們必須建立安全的學習氛圍，也就是說，對於不會寫的人，大家都不能笑他，因為「就是不會，才需要在課堂上學啊！」另外，訓練孩子的表徵能力是很重要的，孩子們若能學習將腦袋瓜所想的用數學算式、圖示或文字表達出來，起碼在書面表達上就不會造成溝通上的困難，也會更有自信。此外，就算是書面表達上一片空白，我們也要能激發孩子有勇氣說出自己的困境而不逃避。

當然，別忘了同儕的力量，這也是課室討論的精髓之一。如果你能持續讓班上的孩子感受到彼此互助的重要性及樂趣，那麼同儕間的支撐，在潛移默化間對孩子自信的增強是不容小覷的喔！

Q3：怎樣訓練孩子將解題紀錄寫得夠大？

A3：孩子剛開始面對一張面積和桌子一樣大的白板或白紙時，寫出小小的數字和符號都是正常的表現，因為他們拿白板筆就像拿鉛筆一樣，更何況他們會覺得白板筆寫的字更粗，怎麼會太小呢？要等到解題紀錄貼到講台前的大白板，台下的同學就會開始表示「我看不到」、「字太小了」、「數字都黏在一起寫，看不清楚」等。看到這兒，你是不是覺得孩子真是矛盾呀！其實不然，孩子們只是考量到眼前所感覺到的說：「我寫的時候字就很大啦！但我就是看不到貼在前面大白板上的紀錄呀！」

因此，我們得訓練孩子從別人的角度來看自己的紀錄，才能判斷字寫得夠不夠大。剛開始只是要求孩子要寫大一點，這樣的指令並不夠具體，因為孩子認為的「大」和大家看得到的「大」不一定同一標準。我們可以找出大家都認可的「大」的標準來協助孩子做到。例如：每一個數字要寫得跟握起來的拳頭一樣大、用手臂蓋在算式上會看不到算式就是寫太小等。用具體物的標準協助孩子判斷紀錄的字是不是夠大，比老師提醒一百次「字寫大一點」真的來得有效多了！當然，老師若能適時對於解題紀錄書寫適當的孩子公開給予讚揚，也是有效的正增強喔！

對了！還有基於「工欲善其事，必先利其器」，為孩子選擇合適粗細度的白板筆（美工筆）以及筆的顏色挑選，也是一定要注意的事喔！

Q4：怎樣訓練孩子將解題紀錄寫得有條理、夠清楚？

A4：孩子如果在解題紀錄上又寫又畫，把腦子裡所想的一股腦兒通通塞在解題紀錄上，我想，同組的同學不但看得眼花撩亂，說明的孩子也未必能去蕪存菁，說出重點來。因此，訓練孩子將解題紀錄寫清楚這件事是非常重要的。

紀錄的內容主要是寫下解題想法，一般而言，我們都以算式紀錄作為解題歷程，有時則以畫圖來替代算式或輔助算式。為了進一步協助比較複雜算式的溝通，我們也可以鼓勵孩子在紀錄上增加「說明」一欄，輔助抽象的算式紀錄，讓比較不善於以言語溝通的孩子也能選擇以文字書寫來表達想法。如此一來，紀錄上有解題歷程（包括算式和答）以及說明部分，就更能讓孩子進行有效溝通了！

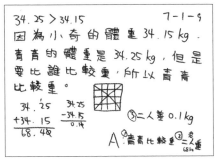

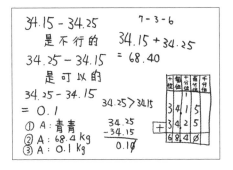

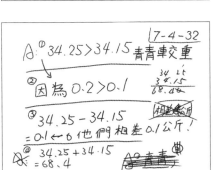

◆ 從以上四張解題紀錄中，可清楚看到孩子們應用文字、算式、符號（箭號、位值表、圈叉等），努力地想清楚表達他們的想法。

Q5：將解題紀錄寫在白板上，要如何察覺孩子從解題開始到結束的思考歷程呢？

A5：基本上，磁鐵白板的好處是符合環保且易於張貼，壞處則是白板上僅能呈現出孩子最終的思考結果，卻無法讓我們檢視出最初他們是如何想的，或是曾經在解題過程中捨棄了什麼，那是因為白板的易於擦拭，孩子會自動將不需要的部分擦掉。

所以當我們在剛建立新概念或在布較具挑戰性、多元性的題目時，常會以白紙替代磁鐵白板來記錄。因為孩子無法完全抹去寫錯的或捨棄的書寫紀錄，僅能用筆畫幾條線表示刪除，這樣在行間巡視及課後檢視時，就比較能正確推論出孩子們在想什麼、他們是以哪種角度在思考，或是曾經陷入怎樣的迷思中，讓老師能更有效地貼近他們學習上的需要。

教學範例：此題是將孩子已討論過的題目中的數字做修改後再重新布題，藉以了解孩子對題意的敏銳度。

（四年級～整數四則計算）

 題目 ▶

　　熊大娃娃一隻 200 元，兔兔娃娃一隻也是 200 元，買 15 隻熊大娃娃和 10 隻兔兔娃娃，共要花多少元？

教學說明 💡

1. 從這張寫在白紙上的解題紀錄中，可以發現這個孩子在解題時，一開始就困在前一布題中，因為前一題說兔兔娃娃是 199 元。後來在解完題後，才察覺到自己的錯誤。

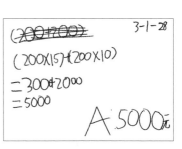

2. 從這張寫在白紙上的解題紀錄中，可以發現這個孩子一開始想要嘗試將熊大和兔兔娃娃各一隻的價錢先加起來再算，但又發現不對，所以中途改變解題策略了！

3. 從這張寫在白紙上的解題紀錄中，可以發現這個孩子一開始想將 15 隻和 10 隻相乘，但很快地就發覺到錯誤，所以修正為加法，但又沒察覺到被乘數（200 ＋200）與題意不合。

$$(200+200)\times(15 + 10)$$
$$= 400 \times 25$$
$$= 10000$$

Chapter **6**

小組討論

～在聽說之間建立數學軟實力

表達能力與思考力的訓練！
～思考、挑戰、辯證、內化，
一步一腳印，成為學習的主人！

上課時，在孩子的座位安排方面，我們是採異質性分組方式，也就是說我們是依據孩子的個性、行為表現及數學能力來安排每一組的討論成員，並不定時更換組員。

在小組討論時，每個人輪流對同組的組員說明自己的解題想法，若有組員提出問題時，也應進一步加以說明，以達到充分的溝通。如此，發表、聆聽、思考、判斷、提問、消化、澄清、內化，像這樣的討論學習歷程便會不斷依序呈現，直到達成小組共識為止。

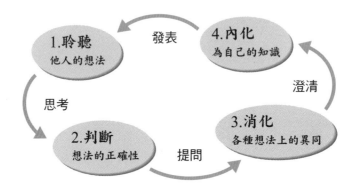

為了使討論能更有效率，我們必須有耐心地培養孩子進行討論的細部運作。

一　小組運作的安排

運作一：小組人數的安排

　　究竟小組討論的人數要多少比較合適呢？這個問題應該是由老師依自己的需求來決定。通常我們習慣將孩子依三至四人分為一組，而對每一個階段的教學及孩子的學習來說，這並非是唯一的分組方式。所以，接下來我們來和大家分享一下不同的小組人數安排，在討論教學中會有何差別。

1.五至六人一組

　　這樣的人數安排在小組中算是「多人」的安排，優點是能集眾人之意見，進行溝通與分享，也會有更多交換不同觀點的機會；缺點是小組討論的時間就會更長，因為要等到所有人逐一分享自己的想法，就需要有更長的等待。

　　有時候對於較難解決的問題，多人一組的討論往往會激發出令人驚艷的想法，集思廣益、眾志成城。但在做這樣的人數安排時，老師也要留意是否會有孩子因此藏身於眾人之間，沒有確實進行討論，較容易依賴其他小組組員。因此，越是多人的小組安排，越需要落實小組運作的程序，例如：可請小組中的「主持人」在討論運作中發揮功能，讓討論得以實質進行。

2.三至四人一組

　　這是一般最常用的分組人數安排，對討論教學而言，小組討論的時間大多能掌控在 5 至 10 分鐘，以便安排其他的教學活動時間。孩子在聆聽小組組員說明時，每個人只要記住二至三人的說明，因此在聆聽上不會有太大的負擔，聽完之後也容易記住其他組員的想法，以進行接下來的討論。

依我們的經驗，小學生的聆聽耐性以這樣的安排最能符合討論教學的需求了！但在分組的成員安排，老師更要費心考量，因為在小組中，若有兩人（對小組而言，人數已過半）的屬性相似，且負面行為表現居多，對於小組運作就會產生很大的影響。因此，不論是異質分組或同質分組，都要能在小組中產生制衡作用，且能感染彼此的正向學習態度。

3. 兩人一組

常有人問：「兩人一組能討論嗎？」當然可以！雖然兩人一組無法有許多的意見交流，但在討論時更能充分進行溝通，這是「重質不重量」的討論方式。也因此，建議在孩子能自主進行討論且表現較為成熟時再使用這樣的安排，以免發生「面面相覷」、「不知所云」的情形。

在上述的說明後，你就能夠了解，在小學生的小組討論中，我們不建議超過六人的安排。

運作二：小組分工的安排

初期可依各組發表序號來指派工作，以訓練孩子習慣小組中的基本運作。一剛開始為了避免孩子們在討論時七嘴八舌地任意說話，老師需要先指定小組討論時的發表順序。等孩子熟練後，便可依小組討論時的需要，讓組員輪流或自願分擔這些工作。

我們都知道，在班級中有些孩子什麼事都要搶著做，有些孩子總是懶洋洋，像個公主或少爺，等著別人幫忙。孩子們的互動不論是過或不及都令人困擾，老師總是會希望大家能分工合作、各盡其職呀！所以我們除了訓練孩子的勇氣之外，更要提升孩子的能力，才會讓每個人心甘情願爭取表現，努力在小組中付出，貢獻一己之力！

在一開始，我們可以依教學需要，將小組成員的職務安排如下：

角色名稱	工作內容	老師的悄悄話
主持人	主持小組的討論，負責告訴大家現在輪到誰發言。	當主持人總要先搞清楚討論的流程，絕不能摸魚打混，否則下一個換誰都不知道，那就糗大了！
紀錄	負責將小組討論時的結果記錄下來。	這時你可能會發現，負責記錄的小孩努力將字寫漂亮的神情，真是太迷人了！
小幫手	領取學具或老師要求拿取的物品。	不管你成績好不好，出來跑跑腿一定沒問題，況且上課時光明正大起身動一動，每個孩子都愛！那深藏內心的熱心助人因子，不但有了表現的機會，孩子的表現也會獲得他人的肯定呢！
小管家	管小組秩序、提醒大家不要做干擾到討論或無關討論的事。	哈哈！管別人之前就得先管好自己，能將心比心，慢慢地，討論秩序就會越來越好！
小天使	適時稱讚同學的好表現。	養成稱讚別人的好習慣，就不會常看見別人的缺點、挑剔別人的毛病，討論氣氛會更好喔！

「以上角色安排能不能改變呢？」「工作內容可以變更嗎？」當然可以！不過，建議一開始讓孩子學著一次做好一件事，所以可以先一週換一次，等孩子熟悉本週角色的工作內容再輪替。然後慢慢縮短輪替的時間，到最後，每個人都了解了應盡的「義務」，就會進退得宜，不再需要老師的刻意安排了！

運作三：討論順序的安排

每一小組中的每位成員都有一個發表序號（見 p. 98）。例如：老師宣布小組討論的發表順序是「3-4-1-2」，那麼各小組的成員就會依照這個

順序有秩序地輪流發表自己的想法。這樣才能營造出「你說我們聽」的學習氛圍，確保每一個孩子都有「說」的學習機會。

給老師的悄悄話……

　　小組討論不僅會提供多元的學習機會給孩子，老師也可以透過小組討論，將一些表徵上的細節或計算錯誤，藉由孩子的小組討論先替你解決掉，這樣就可以使之後的全班討論更聚焦於真正的關鍵，而不會浪費時間去討論旁枝末節。

　　而且，有趣的是，孩子的解說語言對他們彼此而言，大部分的時候比成人的解說更容易懂、更能被聽得進去喔！

二　規範的建立

社會規範

　　社會規範是指在一般教室的社會互動中，以師生彼此的共識為基礎，所建立的常態性規範。

　　在課堂上，「要先舉手才可發言」、「發言時說話聲音要清楚」、「要展現願意說明給別人聽的態度」等，這些都是在討論中需要建立的社會規範。我們要讓孩子理解，在討論時每個人都有義務耐心說給別人聽，同時也有權利請求同學說明。孩子一定要了解「唯有大家共同遵守規範，討論才能順利進行」，也才不會發生有人故意不說或放任情緒暴

走的情況發生。

在討論時的溝通態度也是很重要的。舉例來說，孩子們在不懂的時候必須明確說出不懂的地方，而不是只說「我不懂！」；當同學說不清楚時，要「請」對方再說一次。這樣有禮貌的用語能充分展現孩子的學習態度，也能降低在討論時不必要的口語衝突。

孩子必須學會以「理」服人，所以「少數服從多數」的多數決不能作為形成小組共識的手段。共識形成的基礎應為「在彼此都被合理說服且同意的情況下，所歸納整理出的想法」。如果孩子無法在討論時間內達到共識，那麼該小組的討論癥結也可成為全班討論的一個重點，老師可在全班討論過程中，適時安排進行相關討論。

我們要強調的是：課室討論的精神在於「尊重每一個學生的想法」，當老師忽略一個孩子想法的同時，就有可能是損失了一個精彩的學習契機。

當然，這些規範的建立並非一蹴可幾，在建立這些規範時，老師不僅需要有耐心、毅力以循循善誘孩子，更要讓孩子們感受到有規範的好處與必要性。老師若能隨時觀察孩子們的需求，以及課室學習氛圍的狀況，和孩子們共同制定符合自己班級的社會規範，便能真正提升討論的效率及品質。

社會數學規範

社會數學規範指的是針對數學學習內涵所形成的規範。

在課堂中，孩子建立社會數學規範的需求，通常是在討論遇到數學性問題時，因此我們會帶領孩子們面對問題、解決問題，最後所形成的共識，便可以成為社會數學規範。

例如，在「解題說明」的部分，孩子們所形成的社會數學規範有「在說明解題策略的過程中，一定要回到題目來說明」、「要說明解題紀錄中算式的意義，而不是將算式念過一遍」、「要能『具體』給予其他組員解題策略上的建議」、「要能比較不同解題紀錄的有效性」等，這些規範的需求來自於解決現場的數學問題，所以孩子都能印象深刻並且樂意遵守。

　　現在我們以「在說明解題策略的過程中，一定要回到題目來說明」為例，來讓大家一窺「符合社會數學規範口語說明」的樣貌。

教學範例： 在生活情境問題中呈現兩步驟解題，有助於孩子口語溝通，並檢視在「說」的規範的表現。

（三年級～兩步驟加減運算）

　　目前開往台中的自強號火車上有 535 人，到了台中站後，有 248 人下車，又有 375 人上車，請問現在自強號上有多少人？

1-1-2

535-248+375
=287+375
=662

A 662人

孩子說：我先把火車上的人數 535 和下車的人數 248 相減，得到了 287，287 就是在台中有人下車後的人數，然後再將在台中上車的人數 375 和 287 相加，就會得到現在在自強號上的人數。

```
            6-4-28
  535 + (375-248)
= 535 + 127
= 662

          A = 662人
```

孩子說：因為在台中上車的人數比下車的人數多，我先將上車和下車的人相減，得到 127，127 是在台中真正增加的人數，然後再和原來車上的人數 535 相加，就得到了現在在自強號上的人數。

教學說明

　　在這一題的社會數學規範養成中，我們看到了孩子「在說明解題策略的過程中，會回到題目來說明」，以便同學能了解每個數字的意義以及數字運算的關係。如果孩子在說明時只是把算式從頭到尾念一遍，那麼聆聽的人就無法具體了解解題者想法與題意之間的關係。這樣將做法「讀」過一遍的解題說明是無意義的，只是浪費時間而已。

　　而有關「提問問題」的社會數學規範，我們所發展出來的有「要問跟數學有關的問題」、「要檢視算式的意義是否與題意吻合」、「不可直接說出答案，要問『好問題』讓同學發現自己的錯誤」、「要問做法的合理性或問是用什麼數學知識來支撐這樣的做法」、「要提出有效的建議」、「提出不同解法時，要相互檢視彼此所用的數學知識」等。

　　接著再以「不可直接說出答案，要問『好問題』讓同學發現自己的錯誤」來示範此一社會數學規範的運作方式。

教學範例：此題提供算式紀錄進行比較，實踐「問」的規範以協助澄清錯誤。

（三年級～兩步驟加減運算）

在孩子學習兩步驟加減併式時，原始的解題想法是：

$$25＋49＝74 \qquad 74＋51＝125$$

但孩子併式後常會出現像這樣的算式紀錄：

$$25＋49＝74＋51＝125（忽略等號的意義）$$

孩子 A 的問法：「25＋49 是 74，74 真的等於 74＋51 嗎？」

孩子 B 的問法：「你有檢查等號兩邊的數字和有相等嗎？」

孩子 C 的問法：「你的算式結果是 25＋49 等於 125 是嗎？」

◀教學說明 💡

　　孩子的提問是為了幫助寫錯的同學再深思，並間接表達出自己的觀點。在提問的過程中，因為給予了發表者思考的空間，那麼他就有機會再次檢視自己的解題過程是不是出錯了，因而擁有了再次學習的機會。如果讓孩子們習慣直接指出錯誤說：「25＋49 等於 74，74 是不會等於 74＋51 的，所以你寫錯了。」來溝通想法，不僅會使發表者失去了自省的機會，還會使之後想發表自己想法的孩子怯步，那是十分可惜的！

　　所以遵守「提問問題」的社會數學規範很重要，這樣不僅能問出好問題，且提問的合宜態度也會慢慢涵養出來！

　　社會數學規範的建立和社會規範一樣，都是因應孩子的學習需求而產生的。社會數學規範的建立可以幫助孩子在討論時聚焦，並且懂得如何讓討論不偏離數學學習的主軸，這樣才不會淪於形式化的討論。

給老師的悄悄話……

　　我們建議大家多引導孩子以「疑問句」來提問，目的不僅能幫助發表者再去深思，並能同時留一些台階給提問者，因為提問者也有可能是判斷錯了。

三　數學語言的運用

　　正確運用數學語言，不僅可以減少討論時間的浪費及誤解，使討論和溝通更有效率，還可以強化數學概念的應用。

　　什麼是數學語言呢？凡是數學上的專有名詞（如：位值概念、乘除互逆、等量公理等）或是在課堂上所產生的共同語言（如：昨天美華的解題策略、上一節課詩霖的想法），這些用語都可以在討論時表達出特定的數學意義，這就是我們所謂的「數學語言」。也因為如此，每個班級所發展出來的數學語言往往不盡相同，那也是正常的。

　　數學語言的使用能加速討論的溝通速度，因為這樣，我們就不需每次都要把已經學過或非常熟悉的概念及做法從頭到尾再說一次，只要以數學語言表達，彼此就能有默契了解，不再質疑爭論了。以下舉一個例子來說明，你大概就能了解這是怎麼一回事了！

教學範例：在此題中，數字的安排只考量估算的需求感就好。

（四年級～加減估算）

題目 ▶

下面哪一個數最接近 390＋403 的正確答案？

(1) 700　　　　　(2) 800　　　　　(3) 900

關於這個題目：

孩子 A：因為 390 和 400 只差 10，所以我把 390 看成 400，而 403 和 400 只差 3，所以我把 403 看成 400。400＋400＝800，所以 800 最接近正確答案。

孩子 B：我用無條件進入法把 390 看成 400，而 403 則用無條件捨去法看成 400，400＋400＝800，所以 800 最接近答案。

教學說明 ·

很顯然的，孩子 B 的口語說明精簡，因為他用已學過的「無條件進入法」和「無條件捨去法」這兩個數學概念來進行說明，就不會像孩子 A 需要繞著數字說，聽的人若反應不及，就會聽得迷迷糊糊、一頭霧水了！

在小學階段的數學語言使用，都必須建立在孩子已經學過的數學概念或做法才行。另外，有些數學概念雖然已經學過，但是文字含意比較抽象，像是「等分除」和「包含除」，就很容易讓孩子越聽越糊塗，如果引導孩子將「等分除」說成「平分」，將「包含除」說成是「幾個一數」或「分分看」，從題意的經驗去理解這兩種除法的差異性，這樣的數學語言可能會更有助於溝通喔！

因此，「數學語言的建立」是數學課室討論教學中很重要的一環，因為使用「共同的語言」可以讓孩子在「說明」自己的想法、「理解」他人的觀點，以及產出「說服」他人的說法時更為容易。久而久之，孩子便能習慣使用這些數學語言來表達抽象化的理解，作為日後進階學習的重要墊步。

給老師的悄悄話⋯⋯

　　孩子們很容易會受課後學習的影響，而「道聽塗說」一些數學名詞並貿然使用。其實我們是歡迎孩子把未曾學過的數學語言或概念帶進課室的，但前提是孩子必須有把握能將「它」說清楚，讓大家能因為他的說明而擴展對更多數學知識的認知。

　　但如果無法做到這點，我們的共識就是「即使是對的都不可使用」，這樣才會讓孩子懂得求知的真諦，且不會因為在課室中亂用一些似懂非懂的成人算則，打亂了大家學習的步調。

　　舉例來說：四年級的孩子在未學二位數乘以二位數整數乘法直式算則時，依題意呈現 36 顆橘子（一箱的橘子數量）的 21 倍（21 箱），解題策略是 $36 \times 21 = 30 \times 21 + 6 \times 21$，孩子在說明時說出了「分配律」這個名詞，這時我們需要適時提醒孩子必須說清楚「分配律」的意思，如果他無法清楚說明，就會立即打退堂鼓，而乖乖用他已理解的數學語言來支撐他的說法了。

　　如果老師讓孩子隨意使用未曾學過的數學名詞當數學語言來進行溝通，這樣不僅會養成過度推論的壞習慣，還會自創一些似是而非的數學語言，相信大家能想見課堂上的「討論」將會變得多麼混亂吧！

數學語言與數學表徵的應用主要是為了有效表達數學想法，因此我們必須訓練孩子在解題紀錄上書寫的表徵要符合自己的數學想法，口語說明也要與想法、表徵內容一致。簡單來說，就是要做到「想清楚、寫完整、說明白」（見 p. 99），這樣才能提升彼此的理解速度及程度，使孩子在討論時更聚焦、更有效率。

此外，好的數學解題紀錄還必須要符合以下兩個重要的條件：

1. 紀錄內容要符合數學意義。
2. 紀錄內容要能具體呈現解題者的解題想法。

這樣的說法可能還是有些抽象，以下我們便舉一例來說明符合「想清楚、寫完整、說明白」的具體表現。

教學範例：此題以裸題方式布題，讓孩子得以聚焦在位值概念的說明。

　　　　　（三年級～除法）

$807 \div 8 = ($　　　$)$

書寫方式	口語說明解題想法與數學意義

孩子 A：我先將 8 個百平分成 8 份（想法），每一份為 1 個百，百沒有剩下（記錄數學意義）；因為沒有十所以不用分（想法），就記 0（記錄數學意義），然後 7 個一無法分成 8 等分，因為沒有分出去（想法），所以直接記 0，餘數為 7（記錄數學意義）。

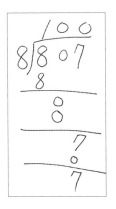

孩子 B：我先將 8 個百分成 8 等分（想法），每等分為 1 個百，沒有剩下（記錄數學意義）；因為十有 0 個，所以 0 乘以 8 等於 0（想法），0 減 0 還是 0（記錄數學意義），而 7 個一分成 8 等分，0 乘以 8 等於 0（想法），7 減 0 等於 7，所以餘數是 7（記錄數學意義）。

　　雖然這是兩種不同的解題紀錄，但孩子都能很清楚說出自己的想法與各步驟的紀錄意義，這就是適當的表徵能為討論加分的地方！

　　我們再來看看下頁這張解題紀錄。

孩子C：3 個百不能分成 6 等分（想法），所以 0 乘以 6 等於 0，3 減 0 是 3（記錄數學意義）；然後 37 個十分成 6 等分（想法），6 乘以 6 等於 36，37 減 36 等於 1（記錄數學意義）；再將 1 個十和 8 個一換成 18 個一，然後 18 個一分成 6 等分（想法），3 乘以 6 等於 18，所以餘數是 0（記錄數學意義）。

　　雖然孩子 C 的口語說明完全符合想法，但是商的紀錄 063 是不符合數學意義的，所以依然不能被大家接受。

給老師的悄悄話……

　　大家千萬別被上面的範例嚇到，以為每一題都要如此解說，那怎麼上得完課？當然不是這麼一回事，像這樣詳細的口語說明通常是用在新概念建立初期，待老師確認班上的孩子都習得概念後，就可和孩子們達成共識，何時可以開始簡化口語說明。如果之後對於他人說明有疑慮，擔心他不是真的理解概念時，那只要抽取算式中的一部分再詢問做檢核即可。

五 討論態度的培養

「不打斷他人的說明」、「有疑問要等待組員說明結束後再問」、「提問時要就事論事並有禮貌」等有關聆聽與提問的態度規範，是孩子學習尊重他人態度的具體實踐。唯有如此，孩子才會靜下心進行推理思考活動，不讓情緒暴走，也不會涉及人身攻擊，進而使小組討論更容易聚焦，有效率地產生共識。

在提問方面，孩子往往對於「提問」感到畏懼，「擔心自己問了一個笨問題而被全班笑」或「擔心沒人聽得懂自己的問題而被大家否定」。老師要肯定願意提出疑問的孩子，讓孩子懂得「沒有笨問題，只要是跟今天上課有關的問題都是可以問的，而心中有疑問卻不問的人才是不聰明的」的重要性，先讓孩子肯定「願意提出問題尋求解決」的勇敢行為，這樣「暢所欲言」的大門才會敞開。

此外，我們也讓孩子認知到不是想問就可以亂問，除了必須問跟該堂數學學習有關的問題之外，對同學提問之前，心中應先確認自己提問的目的，是因自己不懂而問，還是為了幫助他人釐清迷思而問。

不管是因為哪種原因而問，發問時都應該表達清楚，不要語意不清，這樣才不會在討論時擦槍走火產生糾紛。如果孩子都能正向看待「討論」，那麼「提問」者就再也不是「麻煩」的製造者，對彼此都會是真誠的助力了！

討論時的說明態度也是我們所重視的。學生對於「說明」這件事的出發點是基於「彼此分享，交換想法」，因此說明自己的解題想法是參與討論的義務，也是學習自主的最佳表現。

為提升孩子的溝通能力，老師需適時給予指導，以協助孩子在討論過程中聚焦，例如：「討論時，除了說明自己的做法，也請確認彼此的算式表徵是否完整。」或「說明時，請記得要回到題意說明，並清楚說出你是依據什麼數學概念或知識來解題的。」

　　因此，在數學課室討論的教學現場中，老師與學生都要以精準的口語表達能力，展現五項「說」的規範——言之有物、言之有理、言之有序、言之有據、言之有禮，確實建立合宜的討論表現。（見 p. 29-30）

六　老師指導語的使用

　　每次的小組討論都是為了因應不同的學習內容而產生，所以我們刻意「刺激」或「挑戰」孩子，好讓他們產生進行小組討論的需求感。而討論的目的有時是為了發展多元解題策略；有時則是為了解決學習上的迷思；有些時候更是為了支撐及深化學習內容，或為了建立討論規範。因此，老師在孩子進行小組討論前，必須要讓孩子明確知道在討論時該注意的重點是什麼，以免讓孩子的討論在「漫遊」中失焦，難以在限定時間內達成小組討論應完成的任務。

　　以下就以我們在教學現場使用過的指導語來舉例說明，以便讓你更具體了解「何謂討論前老師的『指導語』」。

老師：請大家在說明解題策略時，要回到題目明確說出「我先算出了什麼，再算出了什麼，接著又算了什麼」。

（以「我先～再～接著～」訓練口語說明及解題策略的邏輯性。）

老師：每個人解題說明完成之後，大家都要確認同學說的和寫的是否一致後，才能輪到下一個發表喔！

（目的在訓練孩子運用邏輯思考來檢視想法與表徵的吻合性。）

老師：如果你已經寫完了（解題紀錄），請再想想看還有其他解題方法嗎？

（當解題紀錄上呈現單一策略時，可以以此鼓勵孩子利用時間再思考其他可能的解題策略，以刺激多元想法的產生。）

老師：請暫停討論！我站在講台這裡可以清楚聽到第 5 組的討論內容，請控制討論的音量，只要讓同組同學聽到就可以了。現在開始繼續討論！

（目的在訓練或穩固社會規範的運作。）

 ## 七　老師行間巡視的協助

　　孩子在進行小組討論時，老師該做什麼呢？老師看似悠哉地走來走去，優雅地穿梭在教室中，真的什麼事都不用做嗎？這可是天大的誤會呀！在此階段老師該做的事有很多，我們必須在有限的時間內繼續蒐集所有孩子的解題資訊，還要對各小組討論的內容進行差異上的比較、分析，以決定後續全班討論進行時要關注的焦點及流程。同時也為了避免自己的主觀理解，誤會了孩子心中真正的想法，所以在行間巡視時就盡量別干預小組的討論，耐心聆聽吧！

如有必要介入的話，也是視情況點到為止，要尊重孩子的學習主權。這樣，老師適度的引導才能成為孩子學習的墊腳石而非絆腳石，千萬別因為心急孩子可能學不會，就剝奪了孩子發展智力自主的機會。

不過，在千變萬化的教學現場中，還是有一些關於行間巡視的基本原則要和你分享，就請大家參考參考吧！

1. 對於不遵守社會規範者，老師需視情況決定直接制止或曉以大義，千萬不可置之不理。

2. 孩子的討論內容只要是聚焦在數學討論上，在不影響他人的情況下就不做其他形式上的過度要求（例如：一定要坐在位置上嗎？有時面對面的討論加上比手畫腳更好溝通呢！）。老師只要去試著理解孩子的原始想法，而不要影響孩子的討論自由。

3. 老師對於特定的解題紀錄感到疑惑或好奇，可在小組討論時特別去聆聽那組孩子的討論，也可以加入討論，但千萬別反客為主，影響原本小組的討論氛圍，造成孩子的壓力。

4. 當小組討論的音量有可能影響到其他小組時，老師須適時給予提醒，讓他們學會體貼他人。

5. 對於較需要他人協助的孩子，老師除了在行間巡視時要關注一下他們的學習狀況，還要看情況多鼓勵與他們同組的其他孩子們，引導他們如何稱職扮演支持者的角色。讓孩子們了解彼此之間不是競爭者，他們的目標是要讓同組的人都能一起享受「學會了」的樂趣。

八　小組討論的模式

　　小組討論的模式是不是都一成不變呢？當然不是！老師可以依據現場教學的需要，調整小組討論的方式、縮短或延長討論時間，甚至有時免除小組討論也不是件壞事呢！以下的小組討論模式是我們想與大家分享的：

完整型小組討論模式

　　在此小組討論的模式下，首先是孩子依序發表說明自己的解題策略，每當一個孩子解說完畢後，再由其他的小組成員舉手提問，並由解說者來回答，以此模式來反覆進行 Q&A。

　　在小組討論進行中，要盡量維持僅有一個人在說明或提問的狀態下，如想提問則需舉手等待解說者的點選，這樣所有的組員才能專心聆聽，讓回答或提問都能聚焦在學習焦點上。待全組組員確認對說明的內容無疑後，才輪到下一個人說明自己的解題想法。

如果遇到有孩子說：「我的想法和前一個人一樣！」試想，這表示這個孩子可以不用說了嗎？在初期的小組討論訓練中，我們並不同意這個孩子可以擁有「免說權」，因為就算是孩子主觀認為和他人的想法一致，也需要回到題意再說明一次，以確認主觀上的認定是否正確，並進行口語表達的練習。

有時候，在小組討論中還會遇到另一種難題，那就是「有孩子無法順利完成解題，說也說不出所以然來，怎麼辦呢？」這時小組成員要懂得讓他先喘口氣，允許他可在聆聽其他組員的解說後，依據自己在討論中所理解到的知識，再嘗試說明一次。如果仍無法做到，那麼可讓他試著說明任何一個他聽得懂的解題想法，並經由其他三個人進行確認，或再針對他的迷思繼續協助他解惑。如果還是說不清楚，其他的小組成員就會以提問的方式去幫助他釐清思緒，以習得知識，或協助他將癥結點提到全班討論階段去做更進一步的討論，這些都是可行的方法。

我們希望孩子能把握學習機會，有勇氣試著去說明。因為不管說的是自己的想法或學習別人的想法，都能夠經由口語說明去促進自我思考，這就是邁向理解成功的第一步。大家千萬別忘了！小組成員彼此是一個學習共同體，好的小組討論訓練，會激發孩子展現出有包容力的助人之心喔！

我們利用這樣的小組討論模式，來訓練每個孩子說明自己的解題想法並交換意見，且在討論中澄清彼此的疑問以達成共識。雖然，完整型的小組討論模式花費的時間比較長，但相對地提供給孩子更多的學習機會。此外，讓孩子多一點機會和時間在小組中練習說，那麼在全班討論時，他們就能更有膽量說出自己真正的想法，這會更有助於學習。

在確實實施完整型小組討論後，你一定會發現，孩子用自己的話語來溝通彼此的解題想法或疑問，往往有事半功倍的效果，可見同齡的語言功效是無限大的呀！

簡化型小組討論模式

1. 短時間小組討論

老師可以針對某一較單純的迷思或論點，讓孩子在老師限定的時間內（如3分鐘等）交換意見。在不拘發表順序的狀況下，孩子在小組中快速交換彼此的觀點，或試著說出自己的疑問，那麼在接下來全班的討論，大家就更能切中問題的癥結點，進行更關鍵性的討論。

2. 直接進入全班討論

如果老師在行間巡視時發現以下三種情況，可以考慮跳過小組討論，直接進入全班討論的流程：

(1) 全班的解題策略一致或僅止於數學表徵上的些微差異。

(2) 全班所展現出的解題策略都已在先前的布題中討論過了。

(3) 發現半數以上的小組無人正確解題，代表全班幾乎都陷入迷思概念中。

以上這三種狀況都會讓小組討論效度停滯，無法產生預期的效果。因此老師得扮演驅動學習的浪頭，直接挑出適合討論的解題策略（也許是對的，也許是錯的），只要能支撐後續教學或澄清迷思的都行，之後直接開始進行全班討論。特別是當大多數孩子對解題已呈現混沌不清的狀況，老師更

需要改變教學流程，爭取更多時間與機會，來支撐及穩固孩子的想法或釐清迷思概念，因此也就不需固著在小組討論上，畢竟眾人的力量會發酵，就讓全班討論的激盪產生出知識的火花吧！

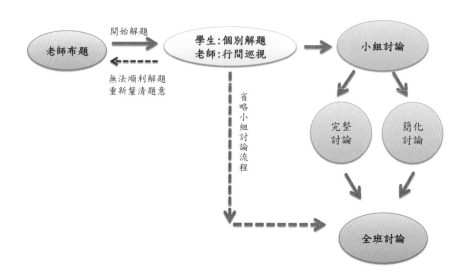

有關「小組討論」的相關問題

Q1：小組討論時，發表的人說明後，別人還是聽不懂，怎麼辦？

A1：有些孩子在說明時，常常只是將算式念過一遍就認為說明完畢，這種公式化的口語表達無助於孩子的討論（將算式念一遍後別人若聽不懂，也不會因為多念幾遍，大家就能聽懂了！）。通常，試著請孩子回到題意來說明他自己所寫的算式代表什麼意思是個不錯的方法，但是對於表達能力較差的孩子，還是需要借助同學的提問來聚焦說明。也就是說，小組可以藉由提問來幫助他說明。那我們該問什麼樣的問題以達到協助的目的呢？我們可以請問他「算式中的數字和運算符號所代表的意義」，或是請他畫圖來輔助說明，也可讓小組中已理解的孩子來協助他說清楚，之後再由他完整說一遍，這些都是好方法！

Q2：當有的孩子表現過於強勢，不接受別人的意見，該如何處理？

A2：這時不用多說，「用事實證明一切」就是最好的方法了！怎麼說呢？越小的孩子們主觀性越強，強到他相信自己說了就算，這常見於低年級孩子的討論之中。所謂「用事實證明一切」的意思就是培養孩子的客觀性，訓練孩子說服別人時要以理服人，所以不是說「我認為就是……」，而是「我們所學過的數學知識是……」別忘了！數學知識就是真理，強勢的孩子要如何跟「它」爭辯呢？

Q3：小組討論時，有的孩子想說卻說不出來，怎麼幫忙他呢？

A3：對於如此好學的孩子，我們除了給他按一個讚，具體的協助策略是一定要有的，否則只是紙上談兵罷了！這時老師可以介入小組中進

行提問，將自己視為小組的一份子，參與示範如何回答他人的提問或向他人提問，這對於小組討論運作的流暢性會有一定的示範作用；此外，激發孩子的同理心，請同組的孩子採用問問題的方式來引導他說明，也是個不錯的做法。如之前所提，詢問他算式中的數字和運算符號所代表的意義或是請他畫圖來輔助說明，都是好方法！

Q4：討論的時候，大家各持己見、僵持不下，該怎麼辦？

A4：所謂「公說公有理、婆說婆有理」，那就要看誰的「道理」能說服別人囉！我們還是要重申一點：「討論時只有數學知識的道理，並沒有個人主觀意識的道理（這就叫做「己見」）。」所以還是要形成孩子認同「以數學知識來說服別人」的共識，降低主觀性的堅持，學會就事論事的討論原則。

Q5：小組討論時，若出現「提前學習」的孩子，說出大家無法理解的算式或方法，該怎麼辦？

A5：如果班上的孩子有上安親班、課後補數學，或是有「望子成龍」的家長事先教授學習內容，這個問題是一定躲不過了！換句話說，我們要面對的是「孩子提早學習」這件事。小學數學看似簡單（有些時候教孩子背個公式，立刻就能派上用場），但其實不然。即使是簡單的數學知識，依然要踏實地去理解，這在訓練孩子的思考與邏輯能力上是非常重要的。

回到問題來說，遇到這種情況，我們不需要指責孩子提早學習，更不需怪罪安親班老師及爸媽，我們該做的是鼓勵孩子在學習的同時要弄清楚知識的來龍去脈，能勇敢去問「為什麼」，因為我們在課堂上的討論就是這樣，那麼課前或課後的學習也應是如此。

一旦養成習慣，孩子就會懂得「先學」、「後學」、「跟誰學」都不

重要，重要的是「要清楚自己是怎麼學會的，這個學會的歷程是否能說服自己去接受所得到的結果」，如此一來，即使是提早學習到成人算則的孩子，也會因心中的疑惑而在課堂上虛心學習，最終獲得真知識。

此外，當孩子了解如果在課堂上說不清楚就會被全班質疑，那麼他們的課後學習就不會只滿足於被動接受大人的說法，而會好好面對現實，利用各種管道，先弄清楚再說吧！

Q6：發表人的答案是錯的，小組中卻沒人提問，老師該如何幫忙？

A6：這時候老師可能要往兩個方向檢視孩子的問題所在了！其一是孩子在討論時的「認真度」；其二是孩子對於同學解題過程的「理解度」是否足夠。先來說說「認真度」，孩子討論時如果漫不經心、心不在焉、提不起勁，縱使同學寫了一個毫不相干的答案，可能也無人發現。孩子也許因為問題沒有挑戰度、天氣太冷或太熱、身體不舒服、心情不好等因素，影響了他們的學習，這就得請你了解關心一下了！

至於「理解度」的部分，那就攸關孩子的數學能力了！孩子要聽懂別人的說明並非一件容易的事，首先要先聽進去了，才能進一步思考是不是聽懂？如果聽不懂，也要想一想「哪一部分聽不懂？」、「該怎麼問同學呢？」這環環相扣的表達能力有賴於平常在課堂上討論的能力培養，尤其在提問部分的訓練，更有助於學習上的理解。

Q7：孩子在討論時會忘記時間的掌控，有時候安排在最後發表的人會沒時間說明，該如何解決此問題？

A7：通常在小組討論時，老師已在孩子個別解題時先巡視過一次了，因此應該對孩子解題的情況有一定的了解。如果孩子在解題時有困難，相對地討論時也會花更多時間來澄清彼此的疑問，因此，我們應該

「因題而異」，來決定孩子小組討論的時間。

在小組中，孩子會平均分配時間來說明，有時遇到難解的問題討論過久，難免會影響到下一個孩子的發表，那也沒關係，因為沒有發表不代表沒有學習，在討論過程中，彼此之間的溝通也是學習的機會。只要老師有輪流調整發表的順序，那麼這一次沒有機會先說，下一次也會有！甚至於在全班討論時，老師也可以適時提供機會給沒有在小組發表到的孩子來說明，這些都是可行的方法！

最後，補充說明一下教學現場的真實情境。老師口頭說「小組討論時間3分鐘」，真的需要拿馬錶來計時嗎？其實這3分鐘是給孩子的參考值，讓他知道討論有時間性，所以必須有效率地討論。你認為實際上的3分鐘究竟是多久呢？當孩子討論十分熱烈、欲罷不能時，你忍心中斷他們的學習嗎？我們還是依實際狀況斟酌何時該停止討論，也可以適時提醒孩子剩下多少時間（如：還剩下1分鐘），來催促他們完成討論！

Q8：如何安排小組成員？

A8：這是個見仁見智的問題。可能要先想想身為老師的你希望孩子在小組討論中獲得什麼樣的學習經驗。通常我們會採用異質分組，讓程度不同的孩子互相提攜對方，學習別人不同的優點。這樣的異質分組要考慮的不僅是在學業成就上的表現，孩子的性格、行為表現也都是需要老師動腦筋細心安排的。舉例來說：我們曾經讓兩個學業成績不怎麼樣的孩子同一組，其中一個脾氣好、人緣佳，容易得到其他孩子給予等待她說明的機會。最後等她慢慢說完後，不但自己搞懂了，另一個學業成績不佳的孩子慢慢聽也聽懂了，其他同組孩子也因間接幫助她弄清楚解題的歷程，開心得不得了呢！

Q9：小組的成員適合常變動嗎？

A9：一開始的小組成員來自於老師主觀的安排，因為我們對孩子的認識總是得藉由課堂上的觀察慢慢開始嘛！對孩子有了足夠的了解後，通常我們會再調整座位，以避免個性不合的孩子因為爭執不下而影響了小組的互動；或是個性內向的孩子聚在一起，安靜不發一語，這樣就沒辦法進行討論了！

等孩子討論技巧及規範更純熟時，最終，我們還是會定期調整小組成員，以訓練孩子和不同類型的人合作學習，隨時能成為彼此的學習共同體。

Q10：對於新手老師，如何兼顧每個孩子的狀況？

A10：面對數十個學生，每位新手老師如果想要在同一時間面面俱到，通常會手忙腳亂，顧此失彼（就算是老手教師，也未必能做得好啊！）。在進行討論教學時，如果老師不僅能在一段時間中（可能是一個月，也可能是一個學期，依你的計畫而定）全面掌控孩子的學習表現，還能有計畫地逐一了解每個孩子的情況，那就非常厲害啦！也就是說，在實施課室討論的初期，整節課的教學中，全班的孩子有做到「在進行討論」這件事就行了，至於討論的品質如何，老師可以一節課鎖定1至2組，關心孩子的互動狀況，並給予適當的支持和協助即可。

「重質不重量」這句話用在小組討論能力的養成時是非常恰當的！當孩子有好的表現時，老師也可以透過雙眼的觀察，具體地對全班孩子說明事實，以供其他孩子學習。慢慢地，每個孩子的情況你一定都能關注到，只是時間早或晚的問題而已。同時，也藉由一次次的分享（老師說出某個孩子或某一組表現好的部分），所有的孩子都會直接或間接受到影響的。只要耐心等待與付出，不急於一時的開花結果，一定能看到孩子的成長！

Q11：小組討論的座位究竟該如何安排才適當呢？

A11：在不少有關學習共同體的報導上陳述說：「在教室座位安排上，將座位改為ㄇ字型排列，就能快速轉換為 4 人分組討論，並以 2 男 2 女為一個小組，形成一種互動學習的教室氛圍。」所以不少充滿教學熱情的老師開始改換座位的形式，以這樣的座位模式進行以孩子為主體的教學。

依我們看來，ㄇ字型和分小組坐都很好，我們也喜歡傳統兩排並列的坐法，只要孩子能順利進行討論就好。無論決定要如何安排，在排座位之前，應該要先深思「改變學生座位的目的為何？」我們認為應該是希望在進行討論教學時，能方便孩子與同儕學習，所以才要改變座位的形式。

若教室裡採用的座位模式是四人一小組併桌的模式（如右圖），當要進行討論時，就立即能攤開自己的解題紀錄進行分享與討論，會更聚焦組員之間的討論氣氛，不必老師耳提面命。缺點是孩子也容易在上課時，因沒有完全面對教室前方而容易分心。

至於傳統兩排並列的坐法，平常上課時孩子們依然面向老師上課，但要討論時，就轉身立即成為四人的討論小組模式（如左圖）！優點是所有孩子都能正視前方，不會有斜視的問題，但是在這之前，必須請你費心訓練孩子能主動離開

座位聚在一起專心討論。訓練動靜皆宜的小孩說來簡單，但要能驗收成果是需要老師努力耕耘，耐心等待收穫的！

　　至於教室面積不大的班級，一旦採ㄇ字型，恐怕孩子連走出教室都成問題了，但ㄇ字型能讓所有孩子看見彼此，誰也躲不掉，一不專心就被很多人發現了！哈哈！但缺點是部分孩子無法正視前方，上起課來身體難免有些卡卡的。

　　我們發現如果老師能有效正增強好的學習行為，孩子就可以因為能看到彼此，而受到正向的影響。在進行討論規範的訓練時，也可以立即感受到彼此的表現差異，進而修正自己的行為或模仿好的學習行為。

　　而且這樣的安排，老師可以不用像以前穿梭在各組間的狹小走道進行行間巡視，只要走到「ㄇ字型」的中間，轉一小圈就什麼都看到了，連孩子的個別上課行為都很容易會被老師察覺，因為擋在他前面的人最多也只有一人啊！

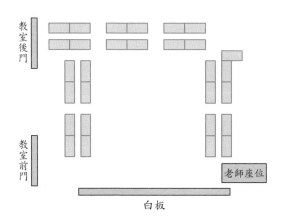

　　不過我們也發現當孩子越來越熟悉彼此時，這樣的座位安排也有可能成了讓孩子分心的頭號兇手，因為上課的面對面讓他們能夠隨時看到彼此的一舉一動。而且在學習時，彼此面對面的孩子必須要側轉頭看白板或老師，這對靠近「ㄇ字型」中間的那一圈孩子尤其不利。

所以在考量教室面積及孩子的學習狀況後，又發展出教室座位改成「回字有缺口」的形式（如下圖），然後安排穩定度較高的孩子坐在需要轉頭看白板的位置（六人）。

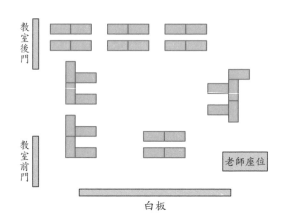

這樣不僅孩子可以輕易感受到班上所有的動態，在視線上也不容易被其他孩子的頭部擋住。更重要的是，討論教學依然可以順利進行。在小組討論時，各組之間的干擾降低了；全班討論時，因為幾乎全部的孩子都面向白板，專注度也因此提高了！偷偷告訴大家，最靠近白板的那一組，也最適合在組內安插班上最容易分心的孩子，這樣老師不僅可以「就近照顧」，也不用擔心他會影響別人呢！

總而言之，老師只要能察覺並安排出適合孩子學習的座位模式即可，千萬別把座位模式當作「公式」來看，而陷入「ㄇ字型」迷思喔！

Chapter 7

全班討論
~舊經驗是我們推理、思考的基石

達成共識，產出新知識！

~將各小組所產生的結果，
透過一次次的 Q&A，
質疑、辯證、澄清……，
最後達成全班的共識，
建構出新的數學知識。

在教學現場中，學生的討論情形及反應千變萬化，學生出招，老師如何接招，當然就得憑著真本事，靈活運用教學技巧，引領孩子有系統地進行全班討論。在實踐以孩子為中心的課室討論教學中，我們會看到孩子在老師不著痕跡的引導下，投入於課堂上的討論，彼此在充分討論後達成共識，完成有意義的學習。

全班討論固然是為了要將小組所討論出的結果（小組共識）進行最後的檢視，以引導孩子建構出新的數學知識，但如果有的小組無法順利產生共識，或甚至產生了迷思概念，那麼全班討論也可能產生「逆轉勝」的結果。在討論中，孩子及老師將攜手合作成為實力堅強的學習共同體，一起建構數學知識，在交換不同的意見、澄清不同的想法之後達成學習目標。

那麼，在全班討論的過程中，面對孩子五花八門的解題紀錄，老師的任務又有哪些呢？

一 讓孩子靜心閱讀紀錄

　　小組討論後，各組組員陸續選出一張能代表小組共識的解題紀錄張貼在教室前方的大白板上。這時，有的孩子還在討論，有的已討論結束；討論結束的孩子要學習安靜地閱讀大白板上已有的解題紀錄，讓他們在等待別人的同時，懂得把握時間檢視其他組的解題想法。在這個過程中會如此要求，是希望孩子能學習等待未完成討論的小組並尊重其他小組的想法。

　　孩子在這段「等待」的時間裡需要全神貫注閱讀別人的解題紀錄，自主學習理解他人的數學想法，以及試著評析他人的解題策略，思考解題策略中所應用的數學知識。這個看似空氣在教室中近乎凝結的時刻，卻是孩子腦力全開的重要階段，所以「等待」孩子靜心閱讀，就是老師給予孩子發展評析能力的最好學習機會了。

給老師的悄悄話⋯⋯

　　在這個看似空白的時刻，千萬要好好利用！首先，訓練孩子能靜下心閱讀別人的解題紀錄是必要的，能不能看懂是其次，但要給他們足夠的時間閱讀。若有人看不清楚，也可讓他們到大白板前看。孩子必須要有「心」去「關注」別人的解題紀錄，不然，在之後的討論過程中，他們也就不會留意討論內容中的細節了！

　　如果持續做這樣的要求，孩子就不會以為送出小組共識後就是休息時間。而這樣的要求會使得他們的大腦沒時間關機，會不停地處於「專注」狀態，以準備好面對接下來的全班討論。

　　孩子只要開始思考，就是討論前最好的暖身準備。這對孩子在學習上的助益是不可小覷的。

二 確認孩子的理解狀況

孩子們的理解力總是有個別差異的。面對各式各樣的解題紀錄,會有不同的看法,也是正常的。這些結果可能是:

(1)看不懂;(2)看得懂;(3)有點懂又不太懂。

1.孩子看不懂時怎麼辦?

對於孩子看不懂的解題紀錄,當然得請原作者或原作者的同組孩子上台說明,或許說了其一,其二、其三也就觸類旁通了!總之,原作者或同組孩子有義務上台分享想法與澄清問題,因為這是他們在小組討論時所產出的共識,是責無旁貸的。

2.孩子都看得懂時還要一題一題地講嗎?

當然不是囉!此時老師可衡量孩子的表現,也許是先請其中一位孩子上台發表,再和其他解題做確認,或是直接進行解題討論的比較也行。我們希望孩子不僅能知道解題的來龍去脈,還能進一步比較不同解題策略之間的異同。

3.該如何讓孩子從有點懂又不太懂的渾沌中脫身呢?

這時候老師若發現多數孩子都處於有點懂又不太懂的情況,建議你先請能說得清楚的孩子上台分享他能理解的部分。一方面可以適度解惑,另一方面也可穩定孩子學習的情緒,不至於造成過度慌亂。經過一番說明之後,孩子心中的解題藍圖會慢慢顯現,我們再來處理不易理解的解題策略就能事半功倍了。

三　提供分類的機會

　　孩子除了要能理解不同的解題策略之外，我們還要給他更多的挑戰。其中一項重要的挑戰就是「分類」，這不只是提供孩子增長數學知識的機會，更會提升數學能力。

　　在分類的過程中，孩子不僅要試著了解解題者的想法，還要做解題策略的比較分析，這是多麼不容易的一件事啊！就如同做一件衣服，好不容易學會了不同的裁縫方法，還要會比較哪一種方法比較好、判斷什麼時候適合用什麼縫紉方法。換句話說，必須對這些方法真正了解透徹，才有能力去比較好或不好、適合或不適合等。

初步分類

　　那要在什麼時候進行分類活動呢？就是當小組共識都貼在大白板上，而解題者尚未說明前。老師可以鼓勵孩子上台，針對大白板上的解題策略先進行「初步分類」。

　　「初步分類」後，負責分類的孩子必須說明自己分類的理由，並回答台下同學的提問。如果此時大家有不同的意見，老師可以稍做處理，也可以先暫且擱置，因為「初步分類」也只是在推測階段而已。待後續繼續進行討論時，我們就能聽到原作者（或小組）的說明了！

　　說到這裡，你可能會感到很納悶，直接請原作者（或小組）上台說明，免除不必要的分類 Q&A 就好了，何必繞這麼一大圈，先來推測看看呢？其實，這倒也不是老師在故意拖時間，而是這樣的「推想階段」對於孩子的專注力、學習參與度以及評析能力的提升是有很大助益的。因為孩子對於未知的結果都有著濃濃的好奇心，也會希望自己能在沒有協助下，就能「推想」出別人的想法。因此，這樣挑戰十足的學習過程，是十分對

孩子學習胃口的！

在沒有口語說明的輔助下，「初步分類」的教學過程會讓孩子更專注於數學表徵的細節。孩子如果藉由閱讀解題紀錄便能了解彼此的想法，那同時也在說明一件事——這張解題紀錄的表徵是清楚的。我們可以給予作者大大的肯定，也讓其他孩子有向他學習的機會。

有時候孩子也有可能對算式的表徵產生了「表象」迷思。也就是說，解題紀錄並未完整記錄作者的想法或不能忠於作者的初衷，那就得等到後續的全班討論再進行澄清了。無論如何，老師千萬不要在此時急著引導孩子釐清，這樣會使得孩子缺乏綜觀所有解題紀錄的機會。

此外，在全班討論之前，先進行「初步分類」可使孩子擁有自己和自己對話的機會，這不僅能讓孩子建立邏輯思考上的自信，更可以提升自我的評析能力。即使自我的初評有錯，也會在後續的全班討論活動中一一獲得澄清，穩固正確的數學概念。

所以，「初步分類」進行得宜，可使後續的全班討論容易聚焦，也有助於孩子後續的推理思考與提問。

給老師的悄悄話……

「分類」是屬於較高層次的思考活動，孩子沒有經過有效的指導，是不可能將「分類」分得正確的。因此，在初期建議老師先指導孩子從兩個思考步驟學習分類：

1. 依序閱讀所有在白板上的解題紀錄，將能理解與不能理解做法的解題紀錄先分開。

2. 擱置不能理解的解題紀錄，再從能理解的解題紀錄中分析，試著推估解題者所使用的數學知識為何，然後在確認解題策略之後，自己在心中練習分類。

◆ 將解題紀錄張貼在大白板上，只要能清楚看到每一張即可！

◆ 如果孩子需要更近些觀看解題紀錄，那也是 OK 的！

◆ 孩子依據自己的分類理由，將解題紀錄擺放歸類。

◆ 孩子進行分類理由的說明。

分類的標準

如果要進行分類活動，那麼建立分類標準絕對是有必要的，不然分到最後，公說公有理、婆說婆有理，那就沒有分類的意義了！

分類標準的建立是需要長時間訓練的。年齡層越低的孩子、低成就的孩子或剛開始學習分類的孩子較常以「表象」來分類，例如：

1. 你用了三個算式解題，我也用了三個算式，所以我們是同一類。

2. 你有用畫圖來表示，這和我是一樣的，所以我們是同一類。

3. 你和我一樣都有用加法來解題，所以我們是同一類。

4. 你和我用同樣顏色的彩色筆來寫解題紀錄，所以我們是同一類。

這樣的分類結果是對的，但與數學無關！

所以話說回來，分類活動到底該如何應用？而分類的依據又有哪些呢？

當解題策略多元時，那就是進行分類活動的好時機了！小學階段的分類不需要太複雜，一次以一個向度進行分類活動的訓練就行了。下列各分類的向度可供老師參考：

1. 依解題紀錄上的正確性來分類。

2. 依解題紀錄上的數學表徵來分類。

3. 依解題者的原始想法來分類。

4. 依解題的策略來分類。

5. 依解題的計算效度來分類。

6. 依解題時所使用的數學知識來分類。

當然，你可以依據自己的教學目標引導孩子產出更多分類的依據，形成各種分類的方式。初期訓練孩子學習分類時，建議老師直接明說希望他們用何種標準來分類，以訓練他們理解數學分類的向度。慢慢地，我們便會放手讓孩子自己決定分類標準，這就是為什麼在分類後，一定要孩子說分類理由的原因了。最後則希望孩子能慢慢地將關注的焦點放在數學知識應用及解題策略的比較，這樣才能經由數學性的內容提升孩子的評析能力，分類活動才會更有意義。

給老師的悄悄話……

分類的結果能提供孩子進行數學概念的比較，所以我們可以在孩子產出分類結果且達到共識後，進一步探討解題策略的優缺點、解題策略的有效性等。

這樣的訓練過程能讓孩子從許多不同的解題策略中，不只是「認識很多解法」而已，更重要的是他們要懂得「為什麼可以用這種方法」（數學知識使用的正確性）、「什麼題目適合什麼方法」（解題策略使用的有效性）等，分類活動才會是有意義的深化學習活動。

接下來以一篇「教室裡的故事」來和大家分享有關「分類」這件事在教學中的樣貌。

（教學單元：整數四則運算　四年級）

題目

　　大遠百舉辦球鞋特賣會，NIKE 的球鞋一雙原價 1860 元，買第二雙只要半價，小瑜的媽媽預計買 2 雙，共要多少元？

當日孩子們的算式表徵整理如下：

(1) $1860 \div 2 + 1860$

(2) $(1860 \div 2) + 1860$

(3) $1860 + (1860 \div 2)$

(4) $1860 \times 2 \div 2$

(5) $1860 \div 2 + 2$

如果你是孩子們，你會分成幾類呢？

孩子們當日是這樣分的：

第一類

(1) $1860 \div 2 + 1860$

(2) $(1860 \div 2) + 1860$

第二類

(3) $1860 + (1860 \div 2)$

第三類

(4) $1860 \times 2 \div 2$

第四類

(5) $1860 \div 2 + 2$

孩子們的分類理由是：因為依照四則運算的原則——算式中有括號的要先算，然後再由左往右計算，所以算式中無論有無括號，這兩個算式

(1) $1860 \div 2 + 1860$

(2) $（1860 \div 2）+ 1860$

計算過程是一樣的，而其他三個算式的寫法都不一樣，因此各為一類。

所以，全班分類的初步分類共識是，這一題的解題策略共有四類，也就是依解題紀錄上的數學表徵來分類的。

你認同孩子們的想法嗎？

讓我們來觀察一下算式(2)和(3)：

(2) $（1860 \div 2）+ 1860$

(3) $1860 +（1860 \div 2）$

雖然算式的表徵的確不一樣，可是等原作者上台說明後，孩子們發現了兩件事：

1. 這兩種解題策略都是算出了第二雙鞋的價錢後，再加上第一雙鞋的價錢，也就是應用了「加法」的概念進行解題。

   (2) $（1860 \div 2）+ 1860$——第二雙鞋＋第一雙鞋

   (3) $1860 +（1860 \div 2）$——第一雙鞋＋第二雙鞋

2. 加法有交換律（也就是 $A + B = B + A$），因此，孩子也有了新的決定，認為這兩種解題策略是同一類：

   (2) $（1860 \div 2）+ 1860$

   (3) $1860 +（1860 \div 2）$

也就是說，以下這三種解題紀錄是一樣的解題策略，屬同一類：

(1) $1860 \div 2 + 1860$

(2) $(1860 \div 2) + 1860$

(3) $1860 + (1860 \div 2)$

而在後續討論中，又發現第 (4) 種和第 (5) 種都是錯誤的，但分屬兩種不同迷思，所以分成兩類。

因此在課堂上，我們先引導孩子回到題意澄清算式的意義，再讓孩子針對策略的運用來說明，最終孩子們達到共識，將這五個算式分成三類。

給老師的悄悄話……

從這個例子中，我們可以知道，孩子們先從「解題的數學表徵」進行初步分類之後，在接續的討論中經過說明、澄清、質疑與辯證，才能夠進一步重新思考，並以「解題的策略」來分類，這樣分類的依據才會更貼近數學意義的內容！

四 安排解題紀錄討論的順序

解題紀錄的分類有了初步的共識後，老師也需在最快的時間跟上腳步，思考接下來的教學如何進行。

安排解題紀錄討論順序這件事看似簡單，實則不然。它考驗著老師對於自己的教學目標、教學對象及相關的數學概念是否夠清楚，有了充分的了解才能做出正確的安排，並有利於後續的討論與學習。

我們常用的討論順序安排有三類：

1. 從正確、簡單的解題策略先討論

在新概念剛建立階段，宜穩紮穩打，從舊經驗出發來逐步連結、穩固新概念，最後才處理錯誤的解題策略。

2. 從正確、高層次的解題策略先討論

當大多數孩子的解題逐步進入成熟期時，我們就會以此方式切入做策略的比較。從理解高層次解題策略的討論中，引導孩子察覺策略之間的異同與有效性。

3. 從錯誤的解題策略先討論

當大多數孩子解題正確，但也存在少部分與概念相關的錯誤類型時，我們就可以這樣做。孩子從迷思概念中出發，就會在討論中產生正確概念與迷思概念的衝突，迫使孩子去分辨錯誤的原因、思辨對與錯的理由，以釐清迷思。

孩子們在課堂中的解題表現往往是多樣化的，在「安排解題順序」這件事著實考驗著老師的教學。以下這篇「教室裡的故事」是課堂上的真實紀錄，提供給老師們參考。

教室裡的故事：2013.11.14

（教學單元：除法　三年級　第一節課）

題目

　　12 個果凍，3 個裝一盒，最多可以裝多少盒？

　　在此堂課中，由於除法是新概念，而題目又非常簡單，因此直接跳過小組討論，由老師直接選出不一樣的解題紀錄張貼在大白板上。以下便是當日的解題紀錄內容：

解題紀錄 1：

解題紀錄 2：

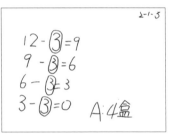

解題紀錄 3：

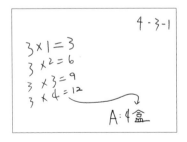

解題紀錄 4：

解題紀錄 5：

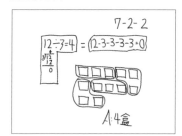

解題紀錄 6：

當日課堂上老師安排解題紀錄的想法說明如下：

1. 解題紀錄討論的安排順序 1→2→3→4→5→6

2. 教學說明：

   (1) 老師先藉由解題紀錄 1 和孩子確認題意，在圖像與題意確認無誤之後，接著請寫解題紀錄 2 的孩子上台說明。

   (2) 在說明解題記錄 2 的過程中，有孩子提問：「為什麼算到最後的答案是 0，但卻寫是 4 盒呢？」而原作者也在隨後的討論中澄清了，「因為減了四次的 3 才全部減完得到 0，所以答案是裝 4 盒」，我們也可以從他的數學表徵中，清楚看到他將減 3 的 3 一共圈了 4 個，因此他是採用減法策略來解題的。

   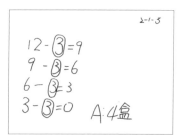

(3) 下一個被老師請上台說明的是寫解題紀錄 3（乘法概念）的孩子，但他有表達上的困難，不知該如何去將乘法中的 4 倍和答案的 4 盒進行連結。這時，「全班討論」發揮功效的時候到了！

在孩子們你來我往的交叉答問與老師的引導下（右邊第二張上的加法數字是老師和孩子們討論時加上的），說明了加法和乘法概念之間的相關性，順利理解這一題的想法。

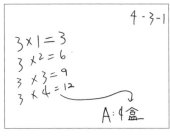

(4) 老師接著選擇解題紀錄 4，因為它的算式的表徵書寫源自於解題紀錄 3。有了前一題的充分討論，所以這一題的說明不費吹灰之力，孩子們就理解了！

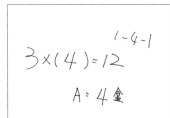

(5) 再來便請寫解題紀錄 5 的同學上台。老師會決定這個時候才處理除法表徵，是因為孩子們才剛要學除法，應該完全沒有除法的概念才合理，除號的表徵可能只是學習大人書寫而已，因此才決定慢一點處理。

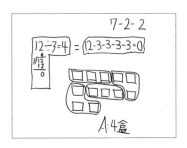

　　但我們可以清楚地從表徵中看見這個孩子努力想用減法概念（數學知識）來說明（支撐）他的除式意義，因此這時請他上台說明，是最好進入除法意義及表徵的橋梁了！

當然，這是上除法的第一節課，因此會寫出「÷」這個符號，就代表這個孩子已經在課前先學了除法。不過，他也遵守了課室討論中的社會數學規範，努力解釋他在課外所習得的新知識。透過說明與澄清，他讓其他的孩子知道連續減了四個 3，也就是分成 4 盒來裝的意思。

　　因此在他的解題紀錄上讓同學知道 12÷3＝4 就是12 減 3，一共能減 4 次，剛好減完，也就是每 3 個分一盒，分了 4 次，就分完了。

(6) 經過了這一連串的討論，孩子已察覺了加、減、乘、除之間的微妙關係。

(7) 下課前臨門的一腳就是確認除法概念中將會用到的所有專有名詞（被除數、除數和商），並與解題紀錄 6 的除法表徵進行對應，以呼應解題紀錄 5，這樣就順利完成認識除法的教學目標了。

給老師的悄悄話……

　　在教學時藉由行間巡視，老師已快速了解孩子們的解題想法，等各組選出的解題紀錄貼到前面大白板時，便能即時判斷代表各組解題策略的意義，並決定全班討論時各解題紀錄的討論順序，使討論聚焦、有系統化，也讓自己在課堂上成為協助孩子建構知識的最佳引路者！

　　透過前述的解題紀錄安排說明，我們很清楚地分享教學老師在教學安排上的想法，讓你知道這樣的解題說明順序所得到的教學結果。但這樣的做法是唯一的嗎？並不是的！在課堂上，教學者可以依據孩子當時的表現以及孩子在概念上的理解程度而有所調整，不同的順序安排或是強化與淡化的解題處理，都會讓這節課的教學結果大不同！

　　這也就是為什麼我們要鼓勵所有老師在教學後，也能像孩子在課堂上的討論一樣，分享彼此的教學想法，拓展教學視野，如此才會更了解孩子的想法，讓自己的每一場教學精彩十分、效度十足！

　　而當教室大白板上解題紀錄繁多，令人眼花撩亂時，我們又該如何是好呢？此時，「分類」就不會是個好主意了，因為連老師都覺得眼花時，孩子更是在昏頭狀況中了。因此建議老師在每完成一張解題紀錄的說明之後，可以問其他組是否有一樣的解題想法，如果有並且確認無誤後，就可先將相同解題策略的紀錄從教室大白板上取下，接著再討論下一組的解題紀錄。這樣的做法可減少教室大白板上的解題紀錄數量，讓孩子在視覺上能更聚焦，清楚看到解題策略上的相異處。

五 提供孩子說明想法的機會

我們希望盡量由孩子自己上台說明數學想法及所應用的數學知識，並主動和全班同學進行 Q&A。因此，在全班討論中，我們製造機會並有技巧地引導孩子使用數學語言逐步說明自己的解題策略，待解說完後還要自行詢問台下同學是否仍有疑問，並支撐他與台下孩子進行 Q&A 的互動，以達到共識為止。

此時，老師可以協助孩子的是：

1.口語表達

以口語協助或具體物的操作（如教具、圖示等）支撐解題者，讓他能盡量清楚地表達自己的想法。有時出現解題者無法說清楚時，也可以請台下的孩子協助說明。

2.符號表徵

將解題者的口語重點佐以板書，條列在大白板上，使抽象的想法具體化，讓孩子在聆聽他人論點及思考內化各種論點的同時有所依據，讓討論能聚焦。

3.提問聚焦

協助孩子確認提問的內容及目的，以釐清問題、淡化不具討論價值的問題、強化重要的問題。並在有必要時，引導提問者說明提問的用意，好讓大家理解為什麼要重視這個提問。

4.聆聽態度

提醒孩子在聆聽口語說明時，必須檢視解題說明的內容與數學表徵是否相符，並確認做法與題意的關聯性。

5.情意支持

要肯定解說者的努力，及提問學生的表現。

而在實際的教學現場中，我們也常遇到以下的問題需要解決：

1. 兩個解題者的數學表徵一致，但想法卻不一致。
2. 兩個解題者的數學表徵不一致，但想法卻一致。
3. 解題者的數學表徵不完整或多餘算式太多，誤導了大家的想法。

（完整教學紀錄請見：http://163.19.142.4/wordpress/? p=185；含影片）

總而言之，解題者上台進行策略說明是非常重要的一個學習步驟。要提醒的是，在這個重要的學習過程中，教室的學習氛圍必須是和善且安全的，此時必須嚴格要求孩子貫徹「說的規範」，不然孩子就無法暢所欲言地將真理越講越明白了。

給老師的悄悄話……

我們願意花時間提供孩子說明解題想法的機會，除了是想要打破「直觀性」的思考框架，也想讓孩子有更多機會發展出多元性的解題策略及邏輯思考能力，而當你看到持續練習後孩子在能力上的表現時，會知道這樣的等待是值得的。

學生在教室裡的學習機會唯有不斷產生，才有學習的可能性。我們提供孩子說明想法的機會，除了了解孩子的思考歷程，也讓他們在說明的同時，再度檢視自己想法的正確性，或讓他人確認說明內容的合理性。

接下來這篇「教室裡的故事」會讓你對於「提供孩子說明想法的機會」有更進一步的了解，也分享我們在教學中具體的做法。

（教學單元：容量　三年級）

題目

　　大瓶礦泉水有 5 公升，中瓶礦泉水比大瓶礦泉水少 2 公升 600 毫升，請問中瓶礦泉水的容量是多少？

　　全班共分 7 組，7 張解題策略分別貼在教室前面的大白板上。

　　第 1、2、3、4、6、7 組的解題紀錄如解題策略 1，而第 5 組的解題紀錄如解題策略 2。

解題策略 1：

```
2-2-2
5ℓ = 5000mℓ
2ℓ 600mℓ = 2600mℓ
   5000
 - 2600
   2400    答: 2400mℓ
```

解題策略 2：

```
                        第五組
5ℓ - 2ℓ = 3ℓ
3ℓ = 3000mℓ
3000mℓ - 600mℓ = 2400mℓ
2400mℓ - 2000mℓ = 400mℓ
2000mℓ = 2ℓ
2ℓ + 400mℓ = 2ℓ 400mℓ
            A: 2ℓ 400mℓ
```

課堂上的教學經過如下：

(1) 在解題紀錄剛貼上來仍未說明時，孩子們都認為所有的解題紀錄都是同一類，因為都是用減法概念來解題。（在這樣的狀況下，還要再做討論，還是該直接形成共識呢？對我們而言，未聽孩子說明前，都僅是推測非定論。）

(2) 接著老師請第 1 組先上來說明解題想法。

　　孩子 A 說：「我先將 5 公升換算成 5000 毫升，也把 2 公升 600

毫升換算成 2600 毫升，然後將大瓶礦泉水的容量減掉和中瓶礦泉水相差的 2600 毫升就是答案。」

(3) 大家聽完第 1 組的解說後，第 5 組才發現他們所想的策略和第 1 組的不一樣。（有人提出異議了，當然要讓他們暢所欲言！）

(4) 老師便請第 5 組上台進行解說。

孩子 B 說：「我們是先將大瓶礦泉水的 5 公升和相差的中瓶礦泉水的量相減得到 3 公升，再將 3 公升換算成 3000 毫升才能減 600 毫升。得到 2400 毫升後再減掉相差的 2000 毫升就是 400 毫升，最後再將 2 公升和 400 毫升加起來就是答案。」

(5) 大家聽完第 5 組的說明後，才知道雖然都用減法，但想法的確不一樣，所以這次的解題紀錄應當分為兩類。此時，有一個孩子舉手發表認為第 5 組的解題策略太麻煩，而全班幾乎都同意這樣的看法。（又有新想法產生了，當然不可放過，要再引導孩子來一起檢視這新的想法。）

(6) 在重新審視第 5 組的算式後，很快地孩子們就察覺到第 5 組的算式只需要寫：

$$5 \text{ 公升} - 2 \text{ 公升} = 3 \text{ 公升}$$

$$3 \text{ 公升} = 3000 \text{ 毫升}$$

$$3000 - 600 = 2400 \text{（毫升）}$$

其餘部分都是多餘的換算而已，而且這樣的解題策略一點也不麻煩，與其他各組相較是在伯仲之間呢！修改解題紀錄不但能給第 5 組正向的建議，還精進了大家的表徵能力，真是一舉兩得啊！

（完整教學紀錄請見：http: //163.19.142.4/wordpress/? p=396）

在這節課中，一剛開始大家以為每一組的解題紀錄都一樣，如果老師沒有提供孩子上台說明想法的機會，那就錯過了之後精采的策略比較與表徵澄清了。

給老師的悄悄話……

　　看完以上的例子，你會發現未討論前的預測與結論可真是差很多啊！孩子最初的直觀想法與說明後的澄清，使得教學更加聚焦。除了第 5 組的解題策略被發現是不同的之外，有一個孩子還提出了自己的看法：「第 5 組的解題策略太麻煩。」而全班幾乎都同意這樣的看法。但「表示同意」並不是結束，說明理由獲得支持才是討論的終點！

　　身為老師的我們當然不能錯過這些可以深究的機會，而且一定要和孩子們攜手來一探究竟。因此，不能只看算式表徵就論定一切，一定要給孩子機會說出表徵後所隱藏的想法喔！

（六）在討論中運用演繹與歸納策略

　　孩子們在分享解題策略時說明自己是依據何種數學知識（數學舊經驗）進行解題，除了可以分析驗證解題策略的合理性，也可以加深理解各類數學知識的應用層面，經由演繹或歸納的方式達成討論上的共識，以建構出數學新知識。

（教學單元：未知數　五年級）

📝**題目** ▶

今日的題目為一裸題，題目為 $50 \div X = 5$。

以下為孩子們的解題策略及所應用的數學知識的說明。

解題策略 1：利用乘除互逆的概念來解題。

孩子的說明：

$50 \div X = 5$ 可以寫成 $50 = 5 \times X$（除→乘）

$50 = 5 \times X$ 也可寫成 $50 \div 5 = X$（乘→除）

也就是 $X = 50 \div 5$

所以 $X = 10$

> $50 \div X = 5$
> $X = 50 \div 5$
> $X = 10 \qquad A:10$

解題策略 2：利用等量公理的概念來解題。

孩子的說明：

　　我在等號的左右兩邊各乘以一個 X，這樣就可以消掉左邊的 X，算式變成 $50 = 5X$，這樣看起來就很熟悉了！等號的左右兩邊各除以 5，就算出答案了。

> $5-3-13$
> $50 \div x = 5$
> $50 \div x \times x = 5 \times x$
> $50 = 5x$
> $50 \div 5 = 5x \div 5$
> $10 = x \qquad A:10$

解題策略 3：先用乘除互逆，再用等量公理的概念來解題。

孩子的說明：

（所有孩子一開始都認為這個解題策略是錯的，後經全班討論後，才發現算式的中間省略了一些計算過程，待補上後就可看出這個解題策略是可行的。）

> 50÷X＝5
> X×5÷5＝50÷5
> X＝10
> 5-4-28
>
> A：10

　　我先用乘除互逆將算式寫成 $50＝X×5$，也可以寫成 $X×5＝50$，再用等量除法公理，最後答案就是 10。

完整算式過程為：

$$50÷X＝5$$
$$50＝X×5 \qquad （乘除互逆）$$
$$X×5＝50$$
$$X×5÷5＝50÷5 \qquad （等量公理）$$
$$X＝10$$

解題策略 4：利用除法與分數擴分的概念來解題。

孩子的說明：

　　兩數相除的結果可以寫成分數，所以再將分數擴分得到答案。

> 50÷X＝5
> 1-3-2
> $50÷X＝\dfrac{50}{X}$ 　 $\dfrac{50}{X}＝\dfrac{5}{1}＝\dfrac{5×10}{1×10}$
> X＝10 　 A：10

解題策略 5：利用除法與分數是兩數相除的結果概念來解題。（此策略在本班並未出現，而是隔壁班的孩子發展出來的策略。）

孩子的說明：

　　我先用除法將數字化簡，再寫成分數，然後約分得到答案。

$$50 \div x = 5 \qquad 7\text{-}4\text{-}18$$
$$50 \div x \div 50 = 5 \div 50$$
$$1 \div x = 5 \div 50$$
$$\frac{1}{x} = \frac{5}{50}$$
$$\frac{1}{x} = \frac{1}{10} \qquad x = 10$$

給老師的悄悄話……

　　在依序解說各分類的解題策略時，老師適時的板書記錄可以協助孩子在聆聽他人論點時有所依據，這樣才能使討論達到更有效的溝通。此外，發展有效的數學語言（見 p. 121）能促進溝通的有效性，孩子在說明自己如何運用策略來解題時，就不需要每次都話說從頭，那麼討論的節奏就會更明快了。

七 引導孩子形成共識

　　在整個教學流程中，「問」與「答」是否流暢攸關著討論品質的好壞，也是課室討論成敗的重要關鍵。課室討論中的「問」與「答」就好比棒球賽中的「投」與「接」，不同能力的孩子就像是站在不同守備位置的球員，沒有人能預料「球」會如何被擊出，但「想要接到球」就是大家進行討論最重要的共識。特別是進行全班討論時，老師要像個主持人般，引領孩子去進行「問」與「答」，但在必要時也須下場擔任打擊手，想辦法為陷入困境的孩子擊出一記關鍵「提問」球，以求孩子們能將「球」接殺。因此像是「老師選擇何時該提問以及怎麼問」、「如何引導孩子問出好問題」、「老師如何察覺到孩子的迷思，利用提問引導孩子們澄清概念」、「孩子如何以數學語言進行 Q&A」、「全班如何從初步的共識到達成真正的共識」等，都是教學現場中的重要課題。

　　此外，在課室討論教學中，如未能持續聚焦於問題的癥結上，就會使討論的需求性大大減低。因此老師與孩子都需學習精準的進行「問」與「答」，這樣才能使彼此都能根據每一階段討論出的想法或共識，一步一步有條理地相互質疑、澄清，達成結論性共識，建構出數學新知識。

　　藉由這樣的學習過程，不僅能讓孩子領略到建構知識的樂趣，也會讓孩子了解到在正確的數學概念支撐下，可以放心走在推理思考的大道上，進而體驗到數學解題是可以多元的，並不須局限在單一解題策略上，且體驗到學習數學以及解決問題的樂趣。

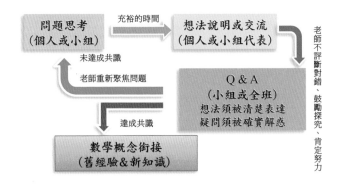

◆ **數學課室討論腦力激盪流程圖**

　　「共識」這個名詞常常出現在課室討論中，因為它是每次討論後，重整想法的新出發點，也是數學推理的重要依據，更是產出數學新知識的中心軸。老師必須檢視在任何階段所建立的「共識」是否得宜，因為在討論時所形成的各個暫時性的共識並不是最終的答案，那僅是初步的共同想法，有了共同的想法，才不會使得討論拖泥帶水、雞同鴨講，最終才會產出令人心服口服的結論性共識。孩子們在這些共識的構築下，不但能體驗建構數學新知識的重要歷程，也逐步形塑出帶得走的學習力。

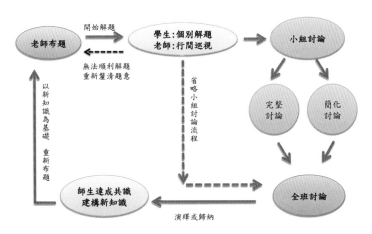

◆ **數學課室討論教學流程圖**

耐心、毅力、耐心、毅力！
～等待是為了走更遠的路。

　　此外，在進行整個數學課室討論的流程時，不論是老師布題、個別解題、小組討論或全班討論，對於孩子的學習、提問等，老師都必須給予足夠的時間，耐心聆聽、理解孩子的想法。出現迷思時，不要急著討論，有時給孩子幾分鐘先想想然後再討論，效果反而更好。

　　如果我們能為孩子營造一個能提問、思辨及省思的學習環境，秉持著學習共同體的精神，採討論學習的方式合作學習，不催促他們急著作答或回答問題，讓每個孩子都有與自己及他人對話的時間，尊重他們的想法，有耐心和毅力地引領孩子去體驗摸索、澄清、質疑、辯證過程中的樂趣，進而了解、掌握到知識核心並懂得應用，這才是真正帶得走的能力。如此，孩子想要討厭數學也難，因為他們不再是被動的學習者，而是化身為主動的學習發現者及知識的產出者，成為學習的主人了！

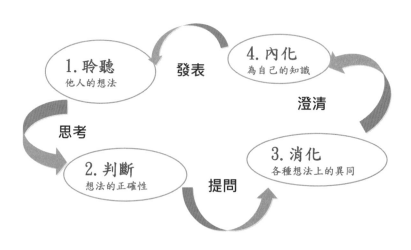

給老師的悄悄話……

全班討論是老師引導孩子利用「聽」、「說」、「問」，學習「討論」的最重要時刻！在此階段，所有老師的示範、口語明示或暗示孩子該做的事，都是「小組討論」運作時的最佳指引。

我們在初期訓練孩子們以課室討論的方式進行學習時，也常是全班討論的活動多過於小組討論，其原因也就是如此！

課室討論運用在數學領域教與學的一覽表

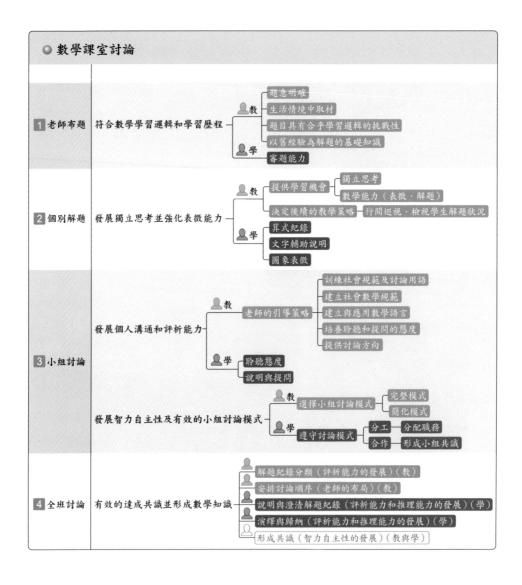

◉ 數學課室討論

1 老師布題 ｜ 符合數學學習邏輯和學習歷程
- 教
  - 題意明確
  - 生活情境中取材
  - 題目具有合乎學習邏輯的挑戰性
- 學
  - 以舊經驗為解題的基礎知識
  - 審題能力

2 個別解題 ｜ 發展獨立思考並強化表徵能力
- 教
  - 提供學習機會
    - 獨立思考
    - 數學能力（表徵、解題）
  - 決定後續的教學策略 ── 行間巡視，檢視學生解題狀況
- 學
  - 算式紀錄
  - 文字輔助說明
  - 圖象表徵

3 小組討論
- 發展個人溝通和評析能力
  - 教
    - 老師的引導策略
      - 訓練社會規範及討論用語
      - 建立社會數學規範
      - 建立與應用數學語言
      - 培養聆聽和提問的態度
      - 提供討論方向
  - 學
    - 聆聽態度
    - 說明與提問
- 發展智力自主性及有效的小組討論模式
  - 教 ── 選擇小組討論模式
    - 完整模式
    - 簡化模式
  - 學 ── 遵守討論模式
    - 分工 ── 分配職務
    - 合作 ── 形成小組共識

4 全班討論 ｜ 有效的達成共識並形成數學知識
- 解題紀錄分類（評析能力的發展）（教）
- 安排討論順序（老師的布局）（教）
- 說明與澄清解題紀錄（評析能力和推理能力的發展）（學）
- 演繹與歸納（評析能力和推理能力的發展）（學）
- 形成共識（智力自主性的發展）（教與學）

有關「全班討論」的相關問題

Q1：當孩子不願意發表或畏懼公開發表，該怎麼辦？

A1：這……別無捷徑，就是多鼓勵、多「製造」發表的機會給他（例如：老師判斷這個提問內容是他有能力回答時，就可以指定由他回答，當然正確回答後的正向肯定，一定要大方給予，才能逐步建立他的信心！），與其一味地指責孩子，不如從他一次次微小的改變與進步稱讚他，這也就是我們一直在說的「營造教室安全的學習氛圍，讓孩子知道說錯了也不會被別人笑，全班都會肯定每個人的進步表現」。只要老師願意給孩子無數個機會，孩子就會像你一樣，願意給同儕機會，慢慢地，你的耐心與堅持，會在孩子的身上看見改變的！

Q2：孩子說話聲音小，老師需要幫他重述嗎？

A2：對於老師幫孩子這種「忙」，我們建議初期偶爾為之，讓他了解你與他同在就好！因為次數太多的話，孩子很容易就認為「不管怎樣，老師一定會幫我再講一次！」如果變成這樣，老師的好意就大打折扣，孩子會依賴你，便無法展現自己獨立表達的能力了！所以孩子發表的聲音小時，你可以協助他使用麥克風，如果能訓練他將音量放大就更棒了！訓練的過程從一個字、一句話到一段說明，是循序漸進的，孩子只要有好的改變，就是進步的開始！

Q3：該怎麼決定選哪一個孩子上台發表？

A3：這個問題的選擇權可以在老師身上，也可以在孩子身上。換句話說，我們希望讓孩子認知到大家都有機會上台，也必須做好上台的準備，至於輪到誰上台，就可以由老師來選擇囉！遇到比較簡單的問題，我

們可以把機會留給能力較差的孩子，讓他有表現的機會，藉此肯定他；有些問題適合全班一起來的，老師就採以抽籤方式，挑戰一下孩子的實力，讓大家都保持戰戰兢兢的學習態度；遇到較困難的問題，也可以採用小組所有成員上台接力說明的模式，讓每個人都能參與其中。

不論孩子是自願上台發表，或是由小組成員討論後推選出合適的代表上台，都能讓我們看見孩子展現學習的自主性，那都是很棒的。但如果老師察覺某小組常有固定人選代表上台的狀況發生，那麼發表人選的選擇權就得請老師先拿回手上，然後找機會了解一下孩子互動的情況，再決定何時要再釋出選擇權。

說了這麼多，都只是給老師參考，任何想法都可以放手去試，只要能給更多的孩子學習的機會，就是很好的選擇！

Q4：對於拒絕上台的孩子，要如何幫忙？

A4：孩子會拒絕上台一定是有原因的，不外乎害羞、膽怯、怕說錯被同學笑、不會說、受負面經驗影響等。從孩子的觀點來看，我們加強他的信心，提升他的溝通能力，就能讓他更有勇氣上台。從老師的觀點來看，怎麼樣製造孩子的學習機會，就是解決此問題的根本之道。

一開始，我們為了讓所有的孩子有均等的學習機會，可以讓各組依小組序號輪流上台說。當天輪到該上台說明的孩子，同組的人都有義務要協助他，讓他在小組中有足夠的練習再上台。如果孩子發表的能力已經到達一定的表現，老師就不一定要採用輪流方式，哪些孩子需要有更多的學習機會，就依你的安排來決定！抽籤或是指派，老師可見機行事！只要能提升孩子參與度，讓他們隨時在學習狀態中，做好上台的準備，孩子就能有自信上台！此外，大家同心協力地上台說明結果，也是個不錯的方法，讓學習力較差的孩子先說明自己有把握的部分，小組成員互補彼此的不足，共同接力完成說明，以達成任務！

Q5：怎樣提振孩子們的討論精神？

A5：說到精神不濟這個問題，各位老師一定有遇過，學習中的孩子陷入低潮總是難免的嘛！孩子上課會精神不濟的首因來自於太輕鬆、沒事做，坐在位置上，很容易就恍神，然後昏昏欲睡。把學習的責任還給孩子，讓他知道自己要為學習負責，他就會忙到不行，一節課的時間很快就過了！

「把學習的責任還給孩子」這樣的說法是很抽象的，具體做法像是「每個人都要有能力上台清楚說明自己的想法」，為此，孩子會在個別解題完畢後，開始思考如何對小組進行說明，然後在小組討論時驗證初次發表的結果，以準備在全班討論時上台說明。練習的時候不但要認真幫別人聽，也要仔細表達自己的想法，你說，孩子能不忙碌嗎？

另一個策略是使用非例行性的點名法，配合一些點名小遊戲來決定誰發表，有時驚嚇指數也會破百的！更重要的是，沒有一個孩子會在這麼緊張刺激的氛圍中還想打瞌睡的啦！最後，別忘了要大力讚揚全心投入討論的孩子，畢竟孩子的學習熱忱是會從老師的肯定中蓬勃成長的。

Q6：選哪一張解題紀錄先說，這很重要嗎？

A6：這的確非常重要！這攸關這節課上課的內容與品質。但整體而言，還是需要老師確認自己的教學目標以決定該怎麼進行全班討論。我們只能提醒你，如果今天討論的問題對孩子而言很難，那就不適合先選錯誤類型來討論，以免孩子正確概念還沒弄清楚就已經一團亂；假設今天的問題適中，我們選擇讓孩子由淺至深來理解不同的解題想法，最後再來個解題有效性的比較，那豈不是完美的一節課？當然也有一種情況就是問題太簡單了！你在行間巡視時就已經發現幾乎全班都做對了！那這一題就不適合再請每一組都上台發表；重複說明大家都懂的事，會讓所有的孩子缺乏挑戰性，感到乏味。

Q7：孩子的討論內容很發散，要如何聚焦？

A7：孩子在討論的過程中，難免會有天馬行空或突然天外飛來一筆的發言，或者是大家討論時各說各話，也不知到底是公有理還是婆有理！遇到這種情況我們一點也不意外，孩子就是孩子，討論要如何聚焦也是需要學習的！這時就得請老師適時介入，可以舉例以協助孩子理解該如何集中討論。例如：小丸子在說完自己的想法時，花輪舉手說：「你的做法我聽不懂，我覺得這樣做才對！」接著丸尾也舉手說自己的方法好，小玉也搶著發表，這樣下去，討論就沒完沒了了！所以，有效的方法是，請大家先根據小丸子說的內容提出意見就好，討論才會聚焦到小丸子的發表。等到小丸子的部分弄清楚了，再來聽聽其他人的想法！這樣就不會像多頭馬車，不知方向了！

Q8：老師如何有效地進行提問？

A8：問問題的目的會決定老師的提問內容。如果你希望孩子理解解題過程，就請針對紀錄中的算式或圖示，提出問題以幫助孩子了解。如果你希望孩子能觸類旁通，有更深更廣的學習，就要提出讓孩子能有思考空間的問題，例如：「你覺得這些方法哪一種最好？」「你還有其他方法嗎？」這些問題都能促進孩子的思考，提供他們更進一步學習的機會。

Q9：如何在討論教學中掌控進度？

A9：「怕跟不上進度」是所有現場教學老師所擔心的。在討論教學中，往往我們一節課只討論 1 至 2 個題目，試問：「課本上這麼多題，怎麼上得完？」答案是：「絕對沒問題！」在一個單元的開始，我們為了奠定與澄清一些數學概念，一節課可能只討論 1 至 2 題，甚至於兩節課討論一題（這一點都不誇張喔！），但在討論中，孩子學習到的不僅是有關

這一題數學的概念，也會因開放性的討論，而衍生出許多需要釐清的相關概念或是孩子不容易了解的觀點，因此才會需要花這麼多時間！也就是說，我們用一個問題來綜合許多的問題討論，孩子一旦將概念澄清了，在接續的學習中就能舉一反三、順水推舟了！因此，課本的題目不需要每題都上，相似的題型可以成為孩子回家練習的習題。依我們的經驗，這樣的學習方式，孩子會更認真上課，不依賴課本，也不會在考試時向老師抱怨「這一題沒教過」、「課本上沒有這種題目」等問題。相對地，孩子的學習是有結構的、全面的，不再被課本所局限。

Q10：如何營造安全的發言空間？

A10： 安全的發言空間來自於老師以身作則的真心相待，你做到了，孩子便會學習，會延續這些正向的行為。老師對孩子使一個肯定的眼神或是拍拍肩膀，以動作傳達你的善意，就能達到鼓勵孩子的目的。孩子的表現有好有壞，但我們重視的不只是表現的「結果」，更在乎的是「歷程」。

在學習的「歷程」中，每個孩子都有犯錯的可能，所以說錯了、做錯了，只要不是故意的，大家都要有「不能取笑別人」的共識。當孩子不經意地笑別人時，老師務必要立刻制止，並且站在被取笑的同學立場，讓孩子學習將心比心，否則被取笑的同學一旦心理受傷，那可是很難挽救的。「就是不會才要學」是營造安全發言空間的至理名言，也是老實話一句，不是嗎？

Q11：如何建立有效的溝通？

A11： 要協助孩子建立有效的溝通，就得一步一腳印，慢慢與孩子建立規範，努力前進！首先，釐清什麼是與上課有關的討論內容是很重要的，我們總不希望孩子在課堂上說一些與課程不相關的「五四三」嘛！

接著，發表的內容與提問的問題要怎麼樣才能達到有效的溝通？其中一個好的策略便是，我們鼓勵孩子使用「數學語言」來溝通。

　　舉例來說，當你滔滔不絕地解釋一堆數學算式，冗長的計算過程會讓人疲乏、失焦，如果能以「我是用分配律」來替代一連串惱人的說明，在溝通上會更有效率！但在此之前，你得下點苦功，和孩子建立用「數學語言」溝通的規範，就能享受有效溝通的樂趣了！

Q12：萬一一節課沒討論完，該怎麼處理？

A12：　有時候課程進行不如預期順利，或是為了配合學校活動，無法進行完整的一節課教學，那是不是就不能討論了？當然不是囉！討論是可以隨時進行的！只要老師給予孩子明確的討論議題或要求，縱使在課堂上討論不完，也可以利用課餘時機進行。通常，我們會善用聯絡簿的空白處或數學日記（見 p. 200），請孩子回家繼續思考並寫下自己的想法，這樣的做法使得孩子依然保有記憶，且不會讓隔天的討論又要重來一遍。

　　此外，討論到一個段落的重點或共識，老師也可以寫在白板的某個角落，除了摘記上課的結論，也提醒著孩子們：「我們還有問題待解決喔！」你知道嗎？這一招十分有效！孩子下課仍會看著白板上寫著的問題，彼此交換意見，一副解不出來不肯善罷干休的好笑模樣，真是太可愛了！

Chapter **8**

有溫度的思考地圖

～覺察學習需求，靈活建構知識

讀到這裡，各位已讀完這本書的四分之三了。從老師布題到全班討論，老師的大腦的確是沒有停歇的時候。如果把老師想成是一部有人工智慧的電腦的話，那這部電腦得要有強大的中央處理器，還要有不斷電系統和反應迅速的多視窗作業系統，才能不漏失任何 input 的資訊，並且有條理地 output 所有的資訊。仔細想想，這可能嗎？

為了不讓對困難的想像縛住我們，讓我們把事情簡單化吧！我們將藉由下面的教學思考地圖讓各位重新審視一次前面各章節的重點內容，利用以下的範例與思考地圖對照，做一次課室討論的紙上教室觀察吧！

Follow us! Go!

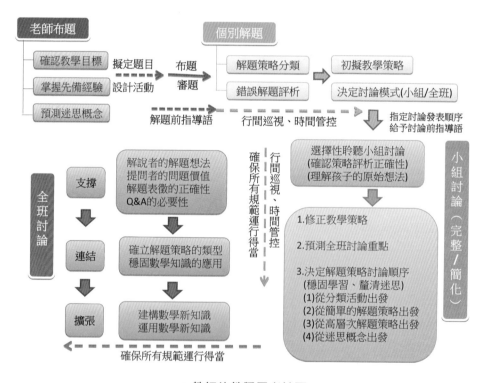

◆ **教師的教學思考地圖**

教學實例：五年級～怎樣解題

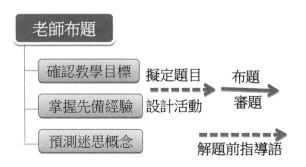

教學目標

能以文字符號表徵生活情境中的變量列式並求解。

先備經驗

能用文字符號表徵生活中的變量。

預測迷思概念

1. 孩子可能無法有效使用等量公理解題。
2. 孩子可能無法正確運用分配律解題。

布題

　　有一個長方形，長為 20 公分，寬為 x 公分，周長是 60 公分，請問 x ＝？

審題

　　老師以提問的方式確認孩子是否了解題意，例如：「題目中的 x 表示什麼意思？」

活動設計

　　先讓孩子個別解題再進行小組討論，最後全班討論。

```
┌─────────────┐
│  個別解題    │
└─────────────┘
   │
   ├──  ┌──────────────┐      ┌──────────────┐
   │    │  解題策略分類  │  ⇒  │  初擬教學策略  │
   │    └──────────────┘      └──────────────┘
   │
   └──  ┌──────────────┐      ┌──────────────────────┐
        │  錯誤解題評析  │      │  決定討論模式(小組/全班)  │
        └──────────────┘      └──────────────────────┘
```

行間巡視、時間管控 ⇒ ⬇ 指定討論發表順序
                      給予討論前指導語

藉由行間巡視，分析學生解題類型如下

解題 1：（正確，使用分配律及等量公理解題）

$$（20＋x）×2＝60$$

$$40＋2x＝60$$

$$2x＝60－40$$

$$2x＝20$$

$$x＝10$$

解題 2：（正確，使用等量公理解題）

$$2x＋20×2＝60$$

$$2x＝60－20×2$$

$$2x＝20$$

$$x＝10$$

解題 3：（正確，使用等量公理解題）

$$60－20×2＝2x$$

$$2x＝60－40$$

$$2x＝20$$

$$x＝10$$

解題 4：（錯誤，列式正確但解題錯誤）

$$（20＋x）×2＝60$$

$$40＋x＝60$$

$$x＝20$$

解題 5：（錯誤，列式正確但無法解題）

$$60－2x＝20×2$$

（以下空白）

解題 6：（正確，使用等量公理解題）

$$（20＋x）×2＝60$$

$$（20＋x）×2÷2＝60÷2$$

$$20＋x＝30$$

$$20＋x－20＝30－20$$

$$x＝10$$

初擬教學策略

1. 在小組討論中讓孩子說明自己的解題想法並確認解題的正確性。

2. 在全班討論中讓孩子了解解題的策略並討論錯誤解題的原因。

決定討論模式

此次不跳過小組討論，先進行小組討論再進行全班討論。

學生任務安排——小組討論進行前

1. 小組討論前指導語（說明討論注意事項）。

   (1) 要回到題目說明以 x 列式的意義。

   (2) 在解出 x 的過程中，是應用了哪些數學知識？

   (3) 確認正確的解法。

2. 老師安排討論順序：4-1-2-3。

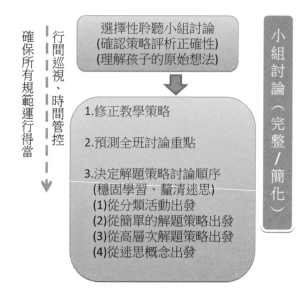

教師思考教學流程——依現況調整教學計畫

  1. 修正教學策略：

    （初擬策略）在全班討論中讓孩子了解解題的策略並討論錯誤解題的原因。

    （修正策略）在全班討論中先讓孩子了解解題的全部策略後再分類，之後再進行錯誤解題原因的討論。

  2. 預測全班討論重點：

    (1) 能說明解題的策略。

    (2) 能發現錯誤解題的原因。

  3. 決定解題策略討論順序：

    (1) 先從最多孩子列的算式進行說明（解題 1）。

    (2) 比較同一列式、不同解題過程的差別（解題 4、6）。

    (3) 不同的列式進行說明（解題 2）。

    (4) 不同的列式進行說明（解題 3）。

    (5) 錯誤解題討論（解題 5）。

支撐

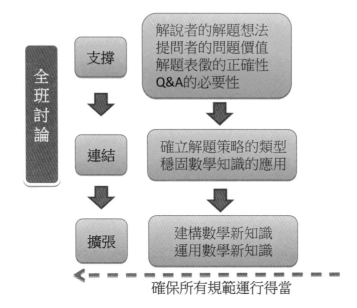

全班討論

支撐	解說者的解題想法 提問者的問題價值 解題表徵的正確性 Q&A的必要性
連結	確立解題策略的類型 穩固數學知識的應用
擴張	建構數學新知識 運用數學新知識

← ─ ─ ─ ─ ─ ─ ─ ─ ─ ─
確保所有規範運行得當

逐一請孩子上台說明想法與所應用的數學知識

解題1：

$$（20＋x）×2＝60$$

$$40＋2x＝60$$

$$40＋2x－40＝60－40（採用等量減法公理）$$

$$2x＝20$$

$$2x÷2＝20÷2 \quad （採用等量除法公理）$$

$$x＝10$$

解題 4：

$$（20＋x）×2＝60$$

$$40＋x＝60$$

$$x＝20$$

1. 孩子經由與前一個解題的說明比較，能察覺到此解題錯誤原因在於沒有正確使用分配律。

2. 提供孩子機會釐清錯誤使用分配律的迷思概念。

解題 6：

$$（20＋x）×2＝60$$

$$（20＋x）×2÷2＝60÷2（採用等量除法公理）$$

$$20＋x＝30$$

$$20＋x－20＝30－20 \qquad （採用等量減法公理）$$

$$x＝10$$

1. 在兩位同學的說明下，大家發現了解題 1 和解題 6 都用到了「等量除法公理」和「等量減法公理」，但是用的順序不同。

2. 引導孩子能藉此機會討論等量公理的有效應用。

解題 2：

$$2x＋20×2＝60$$

$$2x＝60－20×2（採用等量減法公理）$$

$$2x＝20 \qquad （採用等量除法公理）$$

$$x＝10$$

解題 3：

$60-20×2=2x$（等式兩邊的量互換）

$2x=60-40$

$2x=20$　　　　（採用等量除法公理）

$x=10$

解題 5：

$60-2x=20×2$

（以下空白）

　　因在既有經驗中無此類型，所以孩子出現困難無法解題，待所有策略概念穩固後，老師將在全班討論時再進行處理。

連結

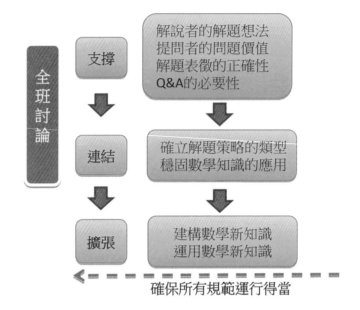

在各類型解題說明後進行分類

1. 孩子將正確解題共分成四類，分類的理由是依解題者的原始想法來
   分類，引導他們回到題意看列式上的差異。

   分類如下：

   第一類：解題 1、4、6〔（長＋寬）×2＝周長〕

   第二類：解題 2（長×2＋寬×2＝周長）

   第三類：解題 3（周長－長×2＝寬×2）

   第四類：解題 5（周長－寬×2＝長×2）

2. 解題 1 和解題 6 雖然解法不同，但原始想法相同，所以算是同一
   類。

再度經驗分配律在解題中的正確使用

擴張

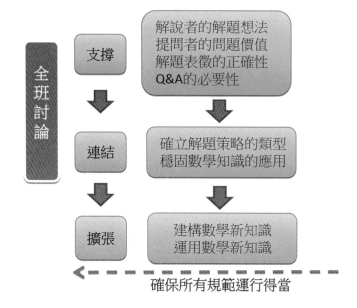

能適時使用等量公理進行解題並了解使用的有效性

　　孩子在比較解題 1 和解題 6 後發現使用不同的等量公理都能有效化簡問題的複雜度。

在使用等量公理時，等號兩邊也可以用未知數來作等量運算

　　在全班討論時，藉由再一次的小組討論來協助釐清解題 5 的問題，後來孩子發現使用等量公理時，也可以在等式的兩邊加上未知數，仍然符合等量公理的概念，且易於計算答案。

解題 5：

$$60 - 2x = 20 \times 2$$

老師：請想一想前面的各種解題策略（包括等量公理、等式兩邊的量互換）對於這一題的解題是不是會有幫助？（小組討論前指導語）

能察覺等量公理與等式中移項變號的關係

等量公理運用於解題後的等式，經過觀察可發現移項變號的規律性。

解題 5：

$$60 - 2x = 20 \times 2$$
$$60 = 20 \times 2 + 2x$$

移項變號

$$60 = 40 + 2x$$
$$60 - 40 = 2x$$

移項變號

$$20 = 2x$$
$$10 = x$$

Chapter **9**

有溫度的評量

～老師，你想要了解我嗎？

對於老師而言，尋求有效的教學方式，使孩子不想逃離教室裡的學習，最終喜愛學習，應該就是我們的共識吧！

但不管老師是如何費盡思量想用各種教學方式來翻轉教學，以達到最佳化的學習成果，我們不禁還是會問自己：「究竟孩子學到的，是表面知識，還是帶得走的能力呢？」這個問題對想要發展孩子多元思考及解決問題能力的我們，當然是不可迴避的。雖然我們也很希望未來能發明一個大腦掃描器，一掃描就能知道大腦的學習狀況，不過在那一天來臨之前，

從多元的角度來理解、檢視孩子的學習狀況

絕對是老師的重要任務之一！

由於課室討論的課程是以孩子為學習中心，老師必須發展出能客觀評量孩子學習結果的有效方式及工具，以了解孩子的學習狀況。對我們而言，發展有效評量的主要目的，並不是為了對家長有交代或滿足孩子的成就感，而是成為幫助我們理解孩子想法、修正教學的重要依據！

我們藉由這些評量結果去察覺到課室中隱藏的問題，這樣做不但能讓自己的專業快速成長，也能讓孩子直接受益於我們為他們「量身打造」的學習內涵與方式。

但我們也相信，隨著時代改變，未來也許可以因應高科技的輔助，而發展出更有效的評量方式。但不管如何，只要能達到評量目的、提高評量準度的評量就是好評量，以下就目前已發展出的評量方式來和大家分享。

評量的階段性

　　為了提升評量的效度，評量會依用途而展現出不同的面貌，基本上可分為診斷性評量、形成性評量和總結性評量。這三種評量方式是依教學者產生檢視學習者需求的目的來靈活應用，以求能適時且有效察覺到孩子在不同階段的學習狀況，作為老師設計或調正後續教學的主要考量。

診斷性評量

　　在課室討論的教學現場中或教學後，所有的相關討論（如錯誤題型的辯證、迷思概念的澄清等）及解題紀錄內容，都能協助老師有效辨別出孩子的學習狀況。而孩子回家後要獨立完成的數學日記（p. 200），也是診斷孩子理解及擴張知識的有效方法。

形成性評量

　　老師在孩子解題時行間巡視的解題紀錄檢視、分辨小組或全班討論時意見的原由及真偽；針對孩子解題及討論的整體表現，立即調整教學策略及決定後續討論焦點；以及當下檢視小組或全班討論中所形成共識的歷程，都是最具時效性的形成性評量。

總結性評量

　　在教學單元結束後，當然需要對孩子整體的學習結果作評量。無論是定期評量或學習單，都是常見的評量方式。為了能檢視孩子的思考與推理歷程，我們所發展出的紙筆評量，也力求在與傳統評量之間取得平衡。換句話說，就是不能只偏重基本數學能力的檢視，也要加入一定比例的題目

來檢視推理、論證或評析能力；像是「數學日記」的應用，也是為了讓孩子的表現與分數脫鉤，讓他們能有自由展現自我思考歷程的機會。

 ## 評量的新思維

紙筆測驗

在學校定期評量考題中，融入推理、證明等異於傳統考題的內容，以檢視孩子數學學習內化的實質成效。

1. 證明題

有別於一般的考題，我們的命題方式希望能了解孩子的思考歷程，在透過證明題的評量中，孩子能寫出理由，以表達他們的推理想法，提供老師作為驗證孩子學習成效的依據。

教學範例 1：（四年級定期評量）

　　一個□的體積是 1 立方公分，戴老師有 30 個□，請問：

(1) 排一排，最多有幾種體積大於 1 立方公分的正方體？（　　　）種。

(2) 體積最大的正方體邊長是多少公分？邊長是（　　　）公分。

請寫出你的做法。

（評量實例請見：http: //163.19.142.4/wordpress/? p=1202）

教學範例2：（四年級定期評量）

　　小丸子對於除法感到很頭痛，因為她不了解為什麼驗算正確，怎麼答案還是錯的呢？請針對「為什麼答案錯而驗算還會對」這件事，來寫出你的想法以及數學理由。

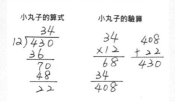

我的想法及數學理由：

（評量實例請見：http: //163.19.142.4/wordpress/? p=1354）

2.實作題

　　以作圖題來檢驗學生是否了解圓規針尖、筆尖的距離與半徑的關係，並運用於繪製長度。

　　請利用「圓規」來做做看。以 A 點為起點，畫出一條長度是線段甲3倍長的線，並在虛線上以紅筆畫出來。（4%）

線段甲　——————

A ●--

　　請說明你為什麼可以利用圓規來完成上面的題目。

　　我的數學理由是：【　　　　　　　　　　　　　　】

數學日記

1. 數學日記的用途

數學日記的內容可以很多元，我們常依據實際的學習狀況，靈活運用在以下七個用途：

(1) 作為前測

在新的學習單元開始前所設計的數學日記，主要是為了了解學生的舊經驗是否穩固，以及判斷出在進行新經驗教學前，是否有學習鷹架應該預先搭設，以避免孩子在學習過程中無法完成下圖所預期的教學流程。

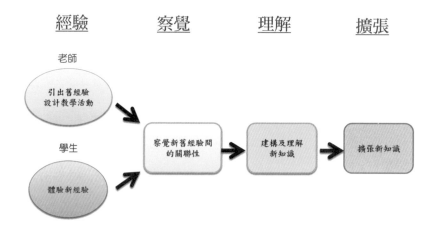

(2) 作為上課的前置作業

對於課室討論教學，最需要給孩子的就是思考與討論的時間，但老師上課時最缺的也就是時間，這是個很矛盾的問題，但並不是一個無解的問題。除了在前面章節已提過的各種教學策略可用來提升教學效度，減少時間浪費之外，老師也可以適度利用數學日記，讓孩子回家先完成解題的前置作業，例如：依題意先畫出線段圖（到校再討論線段圖的正確性）、依裸題算式來擬題（到校再來分辨題意與算式的關係）等，也不失為一個好辦法！

(3) 檢測教學過程中的學習結果

　　每日的教學是一種曲線性的流程，因此當老師對當日孩子的學習效度不確定時，可利用數學日記即時了解學生的學習問題。

　　（教學紀錄請見：http: //163.19.142.4/wordpress/? p=247）

(4) 深化學習結果

　　因為課室討論的教學會花很多時間在討論上，雖然在下課前已獲得結論，但孩子遺忘的速度常令人跌破眼鏡，因此老師可利用回家書寫數學日記來穩固當日所學的重要知識，以便隔日能繼續下一步驟的學習。

　　（教學紀錄請見：http: //163.19.142.4/wordpress/? p=202）

(5) 延伸教學

　　在建構新知識的過程中，孩子常會因為思考的框架被打開，而出現跳躍性的思考，自動與下一個相關的學習內容銜接。有鑑於打鐵要趁熱，只要老師判別該時機合適進行延伸學習，就可利用數學日記來補充課本的不足，或與其他領域的學習進行連結。

(6) 補救教學

　　有時課程的進行會受限於上課時間而未能進行完整的討論，此時便可利用數學日記來延續討論。此外，當迷思概念出現，而在課堂上因時間不夠去澄清，或需要讓孩子有更多跟自己對話的機會，以便能靜心思考來釐清思緒，這時數學日記便可以讓孩子在家書寫時，重新浸潤在當日的課堂討論中，然後隔日再依據數學日記的內容延續相關的討論。

　　（教學紀錄請見：http: //163.19.142.4/wordpress/? p=13）

　　　　　　　　http: //163.19.142.4/wordpress/? p=561）

(7) 高層次檢測

　　當一個教學單元教授完畢後，可使用數學日記來做較高層次的統整性檢測，以確認孩子的學習效度。

　　（教學紀錄請見：http: //163.19.142.4/wordpress/? p=686

　　　　　　　　　　http: //163.19.142.4/wordpress/? p=471

　　　　　　　　　　http: //163.19.142.4/wordpress/? p=479）

2.數學日記的書寫原則

　　大家別忘了，數學日記的存在並不是為了幫孩子評分或一較高下，它是身負幫助老師診斷學習狀況，以及打破孩子思考框架的重任，千萬別讓它淪為一般的回家作業喔！也因此，我們常不時在日記上提醒家長不要協助孩子完成日記，即使孩子因為想不出來而在日記上空白一片也沒關係，只要家長幫我們確認孩子已盡力思考過，在數學日記上簽名認可就行了！

　　由於數學日記的應用頗具彈性及廣度，因此在設計理念上，只要孩子能嘗試將自己的想法寫下來便可。在寫的過程中，可用文字或圖像來記錄，這樣除了再度提供孩子學習表徵自己想法的機會，也能在討論、展現或觀摩彼此數學日記內容的過程中，逐漸掌握到有效記錄自己想法的方式。

數學日記（範例）

_____里_____號 姓名：_____

中華民國 102 年 9 月 12 日　星期四

今天上課時我們發現「面積」和「周長」之間並沒有直接的關係！所以測量出兩張卡片的周長，並不能告訴我們哪一張卡片的面積比較大。

如果將兩張卡片重疊在一起，最後將沒有重疊部分的長和寬進行比較，真的能知道哪張卡片比較大嗎？如果不一定，請舉個例子來推翻這樣的想法。

如果認為可以，也請說明你的理由。

我的想法或理由是……

你還能想出其他的方法，來確認這兩張卡片到底誰的面積比較大嗎？

我的做法是……

家長簽名：

給家長的話：數學日記的目的是為了提升孩子自我思考的能力，請盡量不要協助完成日記，即使孩子想了半天依然想不出來，只要寫上「我想不出來」即可！

3.數學日記的展現方式

展現數學日記的方式也有很多，老師可以因應不同的教學目的和需求來安排。

(1) 在課室中進行討論

數學日記除了可作為孩子表達數學想法的訓練，也是學習結果檢測及延伸學習效度確認等的重要依據。因此可以融入課室進行討論，要求小組成員先相互說明數學日記中的想法，達成共識後再進行全班討論。此外，在全班討論時，老師藉由數學日記提供孩子多元化的觀點交流及解題想法的比較，也能提升孩子解題能力的表現。

（教學紀錄請見：http://163.19.142.4/wordpress/? p=736）

(2) 在教室中展示

　　老師也可以將教室的角落營造為「數學學習角」，將同一主題的數學日記貼於教室牆面上，提供孩子了解其他人數學想法的機會。

　　初期，在孩子數學語言不純熟時，可先讓孩子用貼「點點」貼紙的方式，去表示他對這張數學日記的肯定。後期則可利用「便利貼」寫上對他人數學日記內容的提問或想法。同樣地，作者亦能用不同顏色的「便利貼」去回應問題，在這一來一往的互動，布告欄便成為討論數學知識的好地方，也是延伸課堂上討論到課後的利器喔！

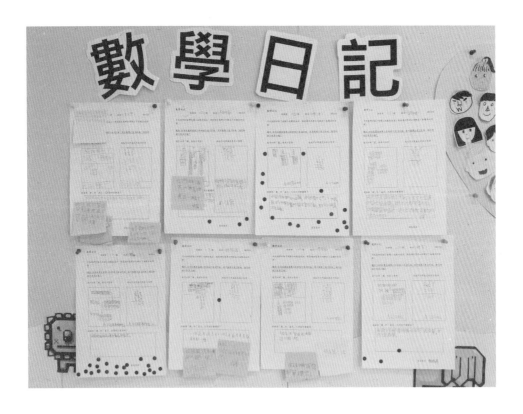

Chapter *10*

有溫度的教室

～教室裡的風景

運動後往往需要做緩和運動來紓解身體因運動所承受的壓力，才能不受傷持續運動下去，而這本書也終於到了最後一章了。在此我們將呈上四部「紙上」微電影，讓大家一探課堂裡的真實風景，也希望能讓大家理解「知識是死的，教學是活的」，能因應學習需求的教學才能產生真正的價值！

　　在每篇文章中會放上對應教學思考地圖上單一標記的標題，讓大家在感性的閱讀中，也能添點理性的思考。以下就是我們的教學故事，真心與大家分享！

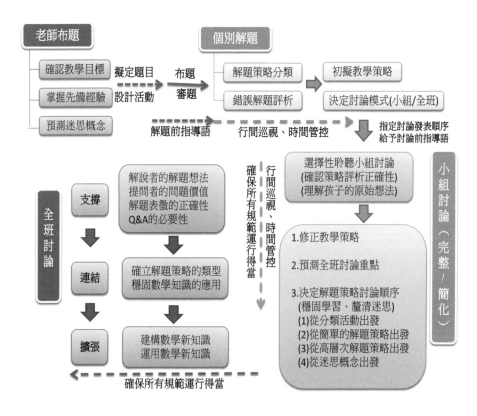

◆ **教師的教學思考地圖**

一如往常，數學課是安排在早上，雖然 9 月的教室氣溫常會令人煩躁，不過如果能在第一或第二節課上的話，我跟孩子的「心浮氣躁」指數就不會因氣溫而直線飆高了。一想到這裡，反而對於即將來臨的數學課感到不少期待。

確認教學目標

其實，昨天在看數學課本上的布題時，思緒就有些被卡住，課本上是先讓孩子試著用古氏積木排出一個邊長 2 公分的正方體，然後下一題就是觀察一個邊長 3 公分的正方體，再從課本的正方體分解圖中，理解正方體的體積只要先算出一層是多少立方公分，再乘以層數，就是總體積了。今天孩子已經操作古氏積木排出一個邊長 2 公分的正方體，也完成了對正方體數學特徵的舊經驗複習，那麼明天邊長 3 公分的正方體也要如法炮製嗎？

眼睛看著課本那張邊長 3 公分正方體的體積計算分解詳圖，大腦中就無法控制地響起不少聲音……

「這有什麼挑戰性啊？」

「看著圖來算誰不會啊！！！」

「孩子看到這張圖，其中解法明示得如此清楚，還需要思考嗎？」

「我明天真的要這樣布題嗎？」

這真的很困擾我，我的直覺告訴我這種布題不僅毫無挑戰性，而且也無討論的必要性，看來不用等到明天的高溫來折磨我，現在就開始受折磨了！可是我還是想不出要如何布題才能真正深化他們的學習。

「討厭！我被卡住了！」

「時間究竟是我的敵人？還是朋友？」到了這把年紀，我對此事還是無法定奪。不過，教了這麼多年書，也學會了一件事，如果事情沒有迫在眉睫，想不出來就先放下讓自己沉澱一下，也算是一種解決問題的積極行為吧！

在一夜好眠後，走進校園的腳步是輕鬆的，進了教室看到孩子們是愉快的，一看到架上的數學課本，我立刻想起今天要面對的難題了。

擬定題目，設計活動

「那就……不要給孩子看到課本上的體積計算分解詳圖，就再像昨天用邊長 2 公分的正方體來操作學習，發展計算體積的策略吧！」

「這樣真的好嗎？挺無趣的！」

「邊長 3 公分的正方體也沒太大，應該可以試著憑空推算吧！」

「而且搞不好，還可以更深化他們對正方體體積的量感。」

「就這麼決定了，先憑空推算體積，然後發展體積計算策略。」

拿定主意後，心中所有的雜念就消失無蹤。今天就開始像每一個上課天，繼續按表操課、批改作業，努力扮演一個不時進行機會教育的囉嗦老師角色。

上課了……

　　「好！昨天我們已經從邊長 2 公分的正方體操作中，重新複習了正方體的數學特徵，也了解邊長 2 公分在正方體的意義。今天大家要接受一個比較難的挑戰，我要請大家在腦海中堆疊出一個邊長 3 公分的正方體，然後直接推算出它的體積。」

　　話才說完，這群孩子就毫不猶豫地接下挑戰，開始興致勃勃地將大腦開機，努力運作。可是我還是擔心有些較無自信的孩子會想一下就自動放棄了，而且這次解題我並沒有讓他們寫解題紀錄，所以除了孩子的表情之外，我沒有其他線索可以確認是否全班都進入狀況了，因此我還是無法控制自己囉嗦的本性，叨念著……

　　「這題真的不會很簡單喔！慢慢想，別心急！」

　　「只要有開始想就好，一下子想不出來也沒關係，最後我們一定會討論出結論讓你們了解的。」

　　「好！現在請大家發表一下你們的推算結果。」

　　隨著孩子陸續的發表，我也同步將發表內容記錄在大白板上。

解題策略分類與評析

　　小倫最先舉手，很阿莎力地說是 32 個；宣宣也立即說是 18 個；接下來，小伍說是 12 個、小好 27 個、小晨 29 個。

　　「怎麼會出現 29 這麼奇怪的數字呢？」我心中納悶著。

　　最後小為說是 26 個，然後再也沒有人舉手了。

　　「那麼，現在就請大家拿 1 公分的古氏積木，堆疊出一個邊長為 3 公分的正方體，看看究竟需要多少個吧！」

　　說時遲那時快，孩子們一聽到可以動手，根本不需催促，立刻堆得不亦樂乎！在行間巡視的過程中，我也很高興地看到全班都陸陸續續堆疊出

一個邊長 3 公分的正方體，可見昨天的教學是有效的。當然，孩子也很快就發現答案是 27 個，是小好推算對了。

初擬教學策略，決定討論模式

可是我真的很好奇，除了小好的答案之外，怎麼會冒出那麼多奇奇怪怪的數字呢？而且觀察今天發表的孩子，都是很認真地說出他們的答案耶！因此，念頭一轉，決定不要直接進入正確推算策略的討論，反而想從錯誤推論下手。除了想滿足自己的好奇心，想知道這些小腦袋究竟是如何想的，也想藉著這個機會，讓其他未發表但也推算出錯誤答案的孩子，能有機會理解自己的迷思在哪裡，因此我請發表出錯誤答案的孩子說一下當初他們是怎麼想的。

可是很多事真的是「想的容易，做起來難」，要讓孩子公開分享自己錯誤的歷程就已經不容易了，而且他們的忘性也大，搞不好也……

支撐

「推算錯誤的，有人願意說明自己當初的想法嗎？」（一片沉默）

「那願意說明的人只要能將自己的推算過程說清楚，老師就會幫他加分，因為這可以幫助到其他跟你一樣出錯的人。」

哇！終於有一隻手舉起來了！

 「因為我想說和昨天的邊長 2 公分立方體一樣，要乘以 2，所以 9×2＝18。」宣宣很明快地說。

「那還有人願意說明的嗎？」我雖然感覺到時間的流逝，但再等一下好了，心中這麼想著。

「我以為正方體一排有 4 立方公分，然後共有 8 排，就 4×8＝32。」小倫回應說。

「原來邊長 2 公分的正方體一層是 4 立方公分，體積是 4×2＝8，而邊長 3 公分的正方體，我就想再加一層 4×3＝12。」小伍這麼說著。

聽到這裡，我深刻感受到昨日教學出現邊長 2 公分正方體的「威力」了！

「我則是以邊長 2 公分的正方體有 8 立方公分，然後往四周擴算 1 立方公分，就算出 29 立方公分了。」

小晨一說完，我立刻恍然大悟為什麼會出現 29 這麼奇怪的數字了。

小為是最後一個說的人，他說：「我是推算一層有 9 立方公分，共有 3 層，9＋9＋9 結果算錯變成 26 了。」

「為什麼一開始，大家都不太願意舉手說呢？」我好奇地問著。

「因為有些過程忘了，要想一下才行。」小晨大聲地回應我。

我就說嘛！這群孩子真是活在當下，忘性頗大啊！

「既然如此，我們已經確定邊長 3 公分的正方體，它的體積是 27 公分，那麼究竟你們是怎麼推算正確的呢？」

 小嘉舉手回答說：「我是 1 排 4 個，有 12 排。」

「你說你是這樣算的，可是我實在聽不太懂，有人聽懂了嗎？」
又是一片死寂……
「那我先將你的說法記錄在大白板上，等你想清楚再說，好嗎？」

礙於上課時間實在有限，有時真的無法無止境地等待孩子恢復記憶或慢慢想，所以常需根據問題的輕重很快做出取捨，但我還是想尊重每個孩子的想法，因此會先記錄在大白板上，好像是彼此的備忘錄一般，即使我上課來不及再處理這個問題，下課了我也會因為看到大白板上的紀錄，而會記得去和孩子做一對一的澄清。

 「我是先算出最上面那一層有 9 個，再乘以 3 層，這樣就是 27 個了。」小逸很肯定地說著。

「所以我們只要先算出一層有多少個，再乘以層數，就會知道有多少個 1 立方公分，也就是多少立方公分的體積，大家同意嗎？」
「同意！」
這回我不等孩子們就自己先做出總結，是因為我判斷總結對他們已無困難，且下課時間已經很逼近，而我還需要再讓他們做些練習，好更確認他們真的能正確算出正方體的體積了。

擴張

「那我來考考大家，邊長 4 公分的正方體，體積是多少立方公分？可以拿出紙筆來計算喔！」

「是 64 立方公分。」好幾個孩子一算完，就忍不住將答案脫口而出。

「你們確定嗎？」因為應答聲不夠多，也不夠肯定，所以我追問著。

「因為時間有限，請全組分工合作一起將這個正方體堆疊出來，確認一下！」

雖然上課時間所剩不多，但還是希望他們能操作一次，以便能幫助班上一些學習力較弱的孩子可以有機會再次「眼見為憑」，穩固概念。

「那現在快要下課了，請大家告訴我，如果是邊長 10 公分的正方體，體積要如何計算呢？」我大聲地問著。

「10×10 得到第一層的體積，然後有 10 層就再×10 就知道答案了。」孩子們齊聲說著。

「噹噹噹！」鐘聲竟然在此時不留情面地響起了。

「不行！我還要再問一題來確認！」心中的念頭強力地對抗鐘聲的餘音及走廊慢慢嘈雜起來的下課聲。

「那如果是邊長 7 公分的正方體，體積又要如何計算呢？」我再追問著說。

「7×7 得到第一層的體積，然後再×7 就知道答案了。」孩子們毫不猶豫地回答著。

「嗯！既然大家都一副老師你放馬過來，誰怕誰的神情，我想是可以安心下課了。」

「大家下課吧！」

教室馬上如蝗蟲移境般，10 秒不到就只剩小貓兩三隻了。

「小嘉，你來一下。」

「可以告訴我，你究竟是如何推算的嗎？」

 小嘉神色愉快地說：「是我在說的時候把數字弄錯了，應該是一排 4 個 1 立方公分，全部有 16 排啦！」

喔！原來她不是算出一層體積然後乘以層數，而是算出一邊有 4 立方公分，把邊看成排來算，把邊長 4 公分的正方體看成共有 16 排 4 立方公分的組合。

「那你覺得自己的方法比較好，還是小逸的比較好？」

「小逸的，因為比較好算。」

「好！沒事了，你可以下課去了！」

現在我終於也可以安心下課了，開始批改作業吧！

天氣：天涼好個秋……

「論證」是這學期學習的重點之一，當然對於四年級的孩子而言，此階段僅能經驗，還不可能獨立推想出完整的論述。不過，學習是件細水長流的事，總要先埋下種子，才會有發芽的一天，因此「整數的乘法」就成了讓孩子學習論證的「苗圃」了！

確認教學目標，掌握先備經驗

今天一大早，我就趕快把孩子們交出的數學日記瀏覽了一遍，心中的大石頭也落了地。這是怎麼一回事呢？那就要從前天的那堂課說起了。

前天的課程目標是要讓孩子發現乘式中的規律，能先察覺出「多位數乘以一位數時，只要將數字中的零去除相乘後再補上零就是答案了」。由於多位數乘以一位數是舊經驗，因此我們很快就在大白板上一起完成了下面的算式：

$3 \times 2 = 6$

$30 \times 2 = 60$

$300 \times 2 = 600$

$3000 \times 2 = 6000$

然後就問孩子有沒有從這些算式之中發現什麼有趣的事，結果孩子很快地就回應出我預想的答案。為了要能進行論證，因此我便把孩子們的意思文字化，並寫在大白板上。

位數相乘，只要將不是零的數先乘，

再補上零就是答案了。

「你們認為這樣的結果是巧合還是必然？一定會產生這樣的規律嗎？」我大聲地問著，但台下的回應卻是零零落落的，這樣我就知道了，孩子們並不確定這件事。因此我便藉此機會教最簡單的數學證明方式，那就是「舉反例」。

布題

「所以我們現在的任務就是，必須要能證明這個規律是真的。而要能證明任何數字都能用在這個規律中，有一個最簡單的方法，那就是『舉反例』。只要你舉出一個類似於這樣的例子，而不符合這樣的規律，那你就可以推翻它，證明它是錯的了！」

此語一出，孩子臉上光芒乍現，知道可以怎麼做了，因此便努力地開始想啊、寫啊，希望能發現一些端倪，並在小組討論中分享。

$909 \times 2 = 1818$

$9090 \times 2 = 18180$

$90900 \times 2 = 181800$

其中有一個例子很有趣，是我沒預先想到的：

$895 \times 2 = 1790$

$8950 \times 2 = 17900$

$89500 \times 2 = 179000$

這時小毅在下面喃喃自語說：「怎麼等號左邊有 2 個零，右邊有 3 個零呢？」

這時我才驚覺到，有孩子僅從視覺上看待等號兩側 0 的數目，因此就陷入「位數相乘」出現的 0 也一併記入的迷思中了。這當然是要立即澄清的，也很容易就 OK 了。

「好！結果既然如我預期，根本找不出反例，我要趁勝追擊了！」心中這麼確認著。

決定教學策略及討論模式

我隨即說著：「即使目前我們找不出反例，就可以說這個規律是對的嗎？其實，有可能是我們目前沒想到而已。因此我們還是需要再進行確認，就像所有偉大的數學家都是利用數學算式來推論證明他們的想法，今天我們也來試試看。」

自己的話雖然說得這麼冠冕堂皇，但卻從孩子們的課堂表現中更確認了我課前的評估是對的：「四年級的孩子是不可能自行推衍出證明歷程的，對於今天的論證初體驗，老師絕對需要巧妙地給予提示，不放手地引領他們，他們才能有機會做到，所以該直接進入全班討論！」

支撐

「好！那我們就來看看這個 $30 \times 2 = 60$ 算式好了。我們有辦法證明 3×2 等於 6 再補一個 0 就得到答案嗎？」台下孩子一臉木然，完全拿不出辦法來。

「別擔心，『證明』真的不是件容易的事，就好像你認為某人偷了你的東西，但要找到證據證明是他偷的，其實不容易，對吧？」

「大家可不可以先幫我布一個有關錢的題目，然後解題就是『30×2＝60』呢？」

　　小俊很快就舉起手說：「一枝筆要 30 元，買 2 枝要多少元？」

　　「嗯！大家都同意嗎？」

　　「同意！」

　　「所以大家可以知道被乘數是有量的，而乘數是倍數，對不對？那我們可以把 30 元看成是 10 元有 3 個嗎？」

　　「可以！」

　　「那要如何用乘法來表示這個意思呢？」

　　「10×3。」

　　「那我可以這樣寫嗎？

　　　30×2＝10×3×2，大家有沒有意見？」

　　我用很慢的速度說著。

　　孩子們搖著頭喊著：「沒有！」

連結

　　「那30 ×2

　　　　＝10 ×3 ×2

　　　　＝3 ×10 ×2，我可以這樣寫嗎？符合數學知識嗎？」

　　「是乘法交換律！」

　　「那 30 ×2

　　　　＝10 ×3 ×2

　　　　＝3 ×10 ×2

　　　　＝3 ×2 ×10，這樣有符合數學知識嗎？」

「還是乘法交換律！」

「那你們看到了什麼？我有沒有證明出『30×2＝60 就是 3×2 等於 6 然後再補一個 0 就得到答案』。而這個補一個 0 其實就是乘以 10 的意思，懂嗎？」

擴張

雖然看到孩子們點著頭，但我實在不相信他們這麼容易就理解「論證」到底是怎麼一回事了，所以我又出了一題 44400×2 讓他們試著寫出證明的過程，結果全班有一半以上的人這麼寫著：

44400×2
＝11100×4×2

擴張失敗，重新支撐

我真的有點哭笑不得，只好在 444 和 2 的數字下方畫出紅線，然後請他們再看一下白板上的文字定義，問他們「有符合我們所發現的算式規律嗎？」

位數相乘，只要將不是零的數先乘，
再補上零就是答案了。

穩固連結

大家開始面面相覷，我只好提醒他們說：「還記得我們剛剛是怎麼將 30 拆成 10×3 的嗎？請再看看大白板上的紀錄吧！」

$$30 \times 2$$
$$= 10 \times 3 \times 2$$
$$= 3 \times 10 \times 2$$
$$= 3 \times 2 \times 10$$

這時，大家的眼中似乎閃出一些光芒，但無情的鐘聲又響起了⋯⋯

再度擴張

「現在請大家試著在解題紙上以 44400×2 來完成證明，寫完的就請送來給我看，過關的就可以下課了！」

此時，孩子就這樣被我誆著而不能名正言順地下課。令人高興的是，他們並沒有因為要下課而去抄襲別人的，反倒是獨自努力地完成。待他們得到我的確認而陸續下課之後，只有兩個孩子依然在狀況外，於是我就很快速而專注地引導他們走出迷宮了。

當然，上完課後，我也檢討了一下自己的教學，發現我把規律文字化的內容有問題，應該修正為

**多位數乘以一位數，只要先將不是零的數字相乘，
再補上零就會算出答案了。**

這樣的數學語言就會清楚多了。而且這堂課對孩子來說，真的難度頗高，因此便決定要停下教學進度，隔日還要再進行同樣的教學，只是改變命題而已，提供多一點機會讓孩子浸潤在論證的氛圍中，比較能確保在本單元之後要論證的「一位數乘以整十倍」、「整十乘以整十倍」、「整十倍乘以整百倍」都能水到渠成，隨著這些論證活動的展開，孩子便會逐步理解並建構出整數乘法（含直式）的所有形式。

風帆張對了方向，慢慢地就一定能順風而行了！

神奇的 10 度角
～量角器可以不再只是量角器

　　在測量角度的大小時，孩子必須使用量角器。在學習如何使用量角器這個工具時，大多數人的學習經驗如同看說明書的操作步驟般，一步一步跟著規則及配合注意事項，然後量出了角度。這樣的學習，有如 SOP 流程，只要發給每個孩子步驟圖，便可輕易完成教學。不過，這樣的教學對孩子而言，學到的是什麼？是一步步跟著老師做就好，還是孩子會模仿老師量角度也算成功？

　　在數學的教學中，工具的存在有其意義，這也是孩子會對它產生需求的動機。我希望孩子能對量角器有更多的了解和應用，不只是一個依樣畫葫蘆的工具而已。所以，不一樣的教學，就從 10 度角開始……

確認教學目標，掌握先備經驗

Part 1：10 度角與空白量角器的相遇

　　在上這一單元以前，孩子對於「角」的認識是：「角」是由一個頂點以及兩條邊（直線）所構成的。

　　那麼，認識角度和使用量角器有什麼關係呢？認識角度又怎麼連結到量角器的使用呢？這都得在環環相扣的課程設計中，讓孩子有足夠的學習機會，然後抽絲剝繭，找到答案才行！

所以，我想在教學中提供孩子與量角器的一次「親密的接觸」——先發給每個孩子一個 10 度角的圖形，以及沒有數字的量角器，好讓孩子能有機會在角與量角器相遇時，擦出那迷人的數學火花！

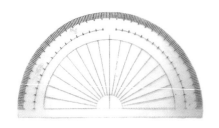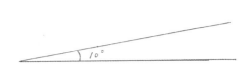

孩子們拿到這兩樣寶物之後，心是雀躍的，但想法是混亂的；態度是積極的，但尋找答案是困難的。如何在一片茫然中理出頭緒，這時不僅考驗孩子的察覺能力，也考驗我自己的耐心。我總是希望孩子能在豐富的經驗中察覺數學知識的存在，卻也面臨教學時間不斷流逝的嚴酷考驗……。但是，現在，回過頭來看，不免會心一笑，因為這一切真的值得！

Part 2：找出空白量角器的許多秘密

當孩子拿到沒有數字的量角器時，心中不免產生疑惑！

「這個工具好奇怪呀！怎麼彎彎的？」

「沒有數字要看什麼啊？」

「怎麼和我看過的量角器不一樣？」

此起彼落的碎碎念發生在這群有話必說的孩子身上，真是再正常不過了！

布題

　　這時候，我故作淡定地說：「是呀！就是這樣而已啊！試試看，你可以發現哪些事和大家分享呀？」就這麼一句話，不費吹灰之力卻充滿無限的鼓勵。孩子漸漸靜下心來，探索空白量角器與 10 度角的秘密了！「真的耶！剛剛好！」「好準喔！」「怎麼差一點點？」第二波碎碎念再度襲捲而來。我也感到好奇想問：「孩子，你們發現了什麼了嗎？」

解題策略分類

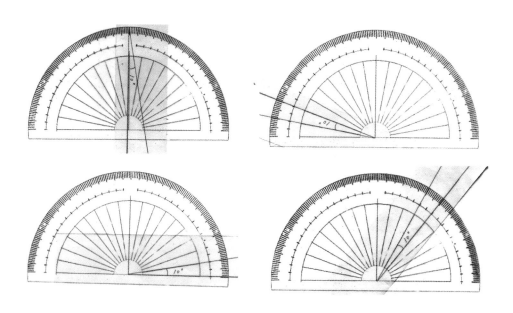

　　我問大家：「有人可以說說看你發現了什麼嗎？」

　　有孩子說：「我的 10 度角可以和量角器的線對齊耶！」

　　我繼續問：「可以說說看是怎麼對齊的嗎？」

孩子們像發現新大陸般雀躍地到攝影機前操作，藉由電腦影像傳輸，即時在電子白板呈現他發現的結果。

「你們看，我的 10 度角有一邊和量角器對齊。」

「有相同發現的人請舉手。」

這時幾乎全班都舉起了手，似乎已經得到共識了。

我貪心地繼續追問：「還有其他發現嗎？」

「我的 10 度角的兩條邊都可以對齊量角器的線！」

哇！這神奇的新發現讓孩子們眼睛亮了起來，卻也感到有些疑惑。

支撐

「那請你來做給同學看吧！」

這時，孩子不斷擺弄量角器與 10 度角，希望能找回剛剛恰恰好對齊的擺法。左移右放，等了好一會兒，終於擺對了！同學們也給他拍手鼓勵！

連結

「我也可以喔！」又有熱情的分享者出現了！為了避免眾人等一人的窘境再度出現，我提出了要求：「可以請你們先研究一下怎樣才能一次對好『角的兩條邊』嗎？」於是，小組討論開始熱絡進行著……

身為老師的我，怎麼會不知道答案呢？此時，我只是想製造機會讓孩子進行討論，一起發現測量角度時的規範，這樣的學習歷程不但有挑戰性，學到的也是大夥兒用心之下所得到的新知識呢！

過不久，我看到孩子開始分享自己的發現，並且驗證所提出的方法是不是可行，雙重把關之下（自己做一次、別人用我的方法也試一次），得到的結果更是讓他們充滿了無比的信心！

有孩子說：「只要你將 10 度角的頂點對齊橫線和直線的交叉點（中心點），然後動一動，就可以讓它的兩條邊和量角器的線對齊了！」

哇！「橫線和直線的交叉點」這句話可真是替數學名詞「中心點」下了一個很好的註解呢！此時，我趕快為它驗明正身：「這個的交叉點就稱為『中心點』！」

既然策略已形成，就必須經得起考驗，接著我便請所有孩子依據此方法來試試看！

「我有找到別的 10 度角。」

「有好多 10 度角啊！」

「有 18 個 10 度角喔！」

孩子們終於發現，

原來這量角器裡藏有 10 度角耶！而且不只一個，有好多好多個啊！

擴張

「還有別的角嗎？」

「有 20 度角喔！兩個 10 度加起來就是 20 度了！」

孩子們以 10 度角為基準的探索，再次獲得不一樣的發現，真是太好了！到這一部分的學習，可是比我預想的進度更超前呢！孩子已經在探索「角的合成」活動，而這一部分的進度應是安排在下兩堂課才要上的內容呢！但這一切竟然來得這麼自然！

我順水推舟地問：「那有幾種角？最大是幾度角呢？」在這一連串的提問與回答中，孩子們說出 10 度角是 1 大格，又發現這 1 大格可以分成 2 中格，也可以分成 10 小格。

此時 90 度角（直角）在量角器中被發現了，而 180 度角也接著登場亮相。各種特殊角的介紹不需刻意鋪陳，孩子們統統發現了！

Part 3：分享我心中第一名的量角器

再度連結

接著，我讓孩子進行下一個活動：請大家在量角器上寫出應該存在的數字。

以下是孩子所產出的各式各樣量角器的標示：

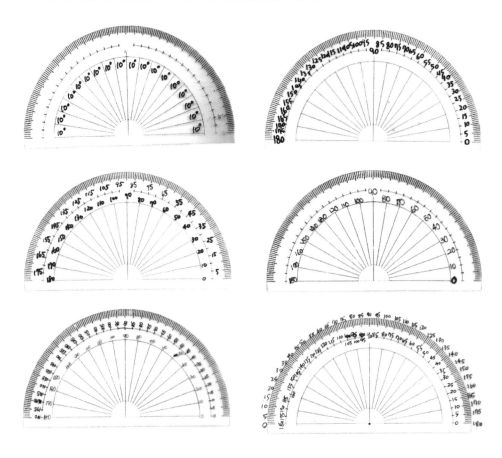

孩子的想法真是令我驚艷！各式各樣的紀錄說明了孩子的發現，絕非是我們大人眼中那唯一且熟悉的一種。

填上了數字的量角器，接下來要接受「是否實用」的考驗。從實作中進行操作，試一試就能知道了！

再度擴張

我提供孩子新的任務是：「請量出學習單上角的角度大小。」

接下來是一連串彼此分享的時光，同組的孩子互相提供不同的量角器來量量看，一方面檢驗這樣的數字標示是否正確，一方面也能知道在報讀角度大小時是否方便。

這一整節課的上課氛圍，就沉浸在熱鬧又歡樂的比較實作中。小小一片投影片的生命，印上了沒有數字的量角器圖案，竟因為孩子的探索與認真的學習，在標出數字之後，像是活了起來，到處出任務，擔負量角度的重責大任！

我站在教室門口往內望，每個孩子忙碌地參與著，想必此刻，沒有一個人的思考是停滯著……。我不禁暗自高興，臉上掩不住笑意，真要為自己和孩子們拍拍手呀！

Part 4：原來量角器與圓是好朋友

在這一單元的討論中，180 度的發現，也帶給孩子不一樣的思考。

「那量角器就是半個圓。」有孩子這麼說。

我用懷疑的語氣回應說：「是嗎？」

「是啊！」越來越多人同意這個觀點。

布題

「可以證明給我看嗎？」

接下來就是小組討論與操作的時間了！

理解原始想法，評析正確性

孩子們兩兩合作將量角器併在一起，發現圓心就是中心點，而且兩個量角器的角度加起來是 360 度！原來量角器和圓是好朋友耶！

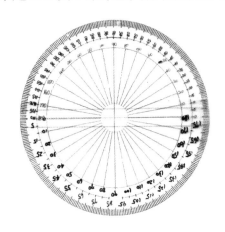

最終擴張

這也驗證了我們可以由「圓是 360 度」的觀點來介紹角度，讓孩子得以從一連串的探索與操作發現舊經驗與新知識的連結，並且對於量角器有了更多結構上的發現與理解……。

我想，量角器已經不再只是在量角度時依樣畫葫蘆的工具，它讓小朋友有了許多深刻的學習經驗與體會……。

有趣的是，這自製量角器是孩子們的最愛，勝過市售的精美製作版，只因為對孩子而言，這是個有故事的量角器，也是個存在著學習意義的量角器！

整數的除法——再看「題意」與孩子的相遇

在「整數的除法」單元中，我們在課程的安排上選用的情境多變，一方面能有助於孩子在解題過程中推理歷程的說明，一方面也可以檢視孩子對於答案合理性的判斷能力。

布題

在進行除法教學的第二節課時，我們討論了以下這題：

果園裡有 4758 個梨子，每個盒子能裝 8 個，最多可以裝滿幾盒？

策略分類，錯誤評析

孩子的解題策略大致分為兩種：

解題策略 1：

$$4758 \div 8 = 594\cdots6$$

$$
\begin{array}{r}
594 \\
8\overline{)4758} \\
40 \\
\hline
75 \\
72 \\
\hline
38 \\
32 \\
\hline
6
\end{array}
$$

A：594盒

解題策略 2：

$$4758 \div 8 = 594\ldots 6$$

$$
\begin{array}{r}
594 \\
8\overline{)4758} \\
40 \\
\overline{75} \\
72 \\
\overline{38} \\
32 \\
\overline{6}
\end{array}
$$

594 + 1

= 595

A：595 盒

初擬策略，決定討論模式

因為這是除法的第二節課，所以，除法的計算過程對孩子而言已經不是一件難事，倒是題目的語意讓孩子有了不同的看法。班上有三分之二的孩子寫 594 盒，其餘三分之一的孩子寫 595 盒。我心想，今日布題所引起的討論契機已經出現，就從孩子不同的想法開始，讓他們藉由說明、討論、辯證來釐清誰對誰錯吧！

理解原始想法，評析正確性

每當小組討論時，我都很享受於欣賞孩子們互動的一幕幕。不管是努力說明自己的想法，或是絞盡腦汁提出問題來，孩子們的目光聚焦在同一個數學問題進行探究的熱情，是老師能努力燃燒教學魂的一大動力！

此時，我回過神來，竟發現小組討論後，每一組選上來的解題紀錄答案全部都是 594 盒！哇！小組討論的影響可真大啊！

修正教學策略，決定討論重點

其實，這節課到此，我很明白一點，大部分的孩子已經在小組討論中藉由彼此的討論澄清了想法。但，為什麼會寫錯的原因，也是孩子需要了解的。

支撐

我故作不解地問：「為什麼題目要寫『最多』？不寫可以嗎？」

小義說：「不行，因為題目有寫『最多』，所以答案是 594 盒。」

「咦？這樣算是回答問題了嗎？」我立即問著。

明育回應說：「不行，因為『最多』表示就只能裝滿這麼多盒了！不然也能只裝 1 盒啊？」

「『只裝 1 盒』？老師不懂你的意思？」

「我的意思是『每個盒子裝 8 個，可以裝滿幾盒？』這個意思也可以只裝滿 1 個盒子，其他都不要裝呀！」

連結

「所以說……？」我繼續追問著。

「題目的『最多』是不能少的！」（大家點頭如搗蒜！）

此時，有關題目關鍵詞的討論又引發了另一個孩子的疑問。

　力晨問：「那一定要寫『滿』這個字嗎？」

理解原始想法

「老師也不太確定耶？大家認為呢？現在來進行 3 分鐘小組討論，大家一起來想一想！」

「裝傻」是我在課堂上偶爾會使用的「教學技巧」，孩子對於老師心中有所不解時，特別喜歡為老師「解惑」，回答起來也特別有勁，特別有成就感，這也正是孩子們可愛之處！

決定教學策略和討論重點

當孩子們正如火如荼在討論時，我一邊了解大致的討論狀況，心裡一邊想著待會要如何安排孩子上台說明。最後我決定既然這是小組討論後的發表，那麼每個孩子就得要試著說清楚小組的共識。

所以，我在小組討論結束前告知大家，要用抽籤的方式隨機點人上台說明，好讓每個人有心理準備！（言下之意就是討論出答案還不算什麼，我想考驗大家的重點還有一項，就是——人人都要會「說」才行！因此，會說明理由的人要趕快幫忙教導不會說的同學，口語訓練的學習機會就在此出現了！）

（啟文被抽到了！^O^）

「如果不裝滿，那可以拿 4758 個盒子，每個盒子只裝 1 個梨子。」啟文很有自信地說。

當孩子上台說出理由後，我心想：「哇！『舉反例』又出現在本班的數學課了！」這可不是這群四年級小小孩第一次展現證明的功力了！可見，「論證」的新芽，慢慢在孩子心中萌生著……。

探討題目的意思之後，我讓孩子回到錯誤解題的表徵進行澄清。

連結

「我看到了班上的小丸子（註）同學多寫了『594＋1＝595，一共是595 盒』。你們可以根據小丸子的錯誤來幫助她知道自己『錯在哪裡』嗎？」我不放過他們又繼續問著。

（接下來又是 3 分鐘的小組討論，此時教室討論的氛圍已達到最高點，也是快接近下課的時間了！）

欣婷舉手說：「我知道，因為小丸子多用了 1 個盒子來裝剩下的梨子，但是那個盒子裝不滿，所以不符合題目的意思。」

此時，同學們為她拍拍手（勝利的掌聲響起），而下課的鐘聲也很有默契地響起，結束了這一堂有趣又充滿意義的數學課！

我心中的念頭又再度浮現：「哈哈！看來，『題意怎麼說清楚』這件事，已經深深植入孩子的心中了呢！」

故事結束了嗎？

當然，還沒！

擴張

為了檢驗孩子們是否真的產生對題意的敏感度，今日作業如下：

計算式 $4037 \div 5 = 807 \cdots 2$ 請依據以下答案出題目：

(1) 如果答案是 $807 \cdots 2$。

(2) 如果答案是 $807 + 1 = 808$。

以下分享孩子們的寫法，我只能偷笑說：「這些孩子在我心中各個是『命題高手』啊！」

$4037 \div 5 = (807) \cdots (2)$

$$
\begin{array}{r}
807 \\
5\overline{)4037} \\
40 \\
\hline
37 \\
35 \\
\hline
2
\end{array}
$$

① 出題目
　　$807 \cdots 2$
老師有 4037元，要平分給5人，
①每人可得幾元？
②剩下幾元？

② 題目
　　$807 + 1 = 808$
有4037個小朋友要去遊樂園，
6人坐一台車，最少幾台車？

$4037 \div 5 = 807 \cdots 2$

$$
\begin{array}{r}
807 \\
5\overline{)4037} \\
40 \\
\hline
37 \\
35 \\
\hline
2
\end{array}
$$

題目①：老闆有 4037 枝筆，每5枝裝
　　　　成一包，最多可以裝滿幾包，
　　　　剩幾枝筆？

$4037 \div 5 = 807 \cdots 2$

$$
\begin{array}{r}
807 \\
5\overline{)4037} \\
40 \\
\hline
37 \\
35 \\
\hline
2
\end{array}
$$
　　　$807 + 1 = 808$

題目②：老闆有 4037 枝筆，每5枝裝
　　　　成一包，最少須要幾個袋子
　　　　才能把全部的筆裝完？

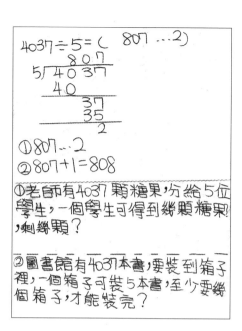

$4037 \div 5 = ($ 807 ... 2 $)$

$$\begin{array}{r} 807 \\ 5\overline{\smash{)}4037} \\ \underline{40} \\ 37 \\ \underline{35} \\ 2 \end{array}$$

① 807 ... 2

② 807 + 1 = 808

① 老師有 4037 顆糖果，分給 5 位學生，一個學生可得到幾顆糖果，剩幾顆？

② 圖書館有 4037 本書，要裝到箱子裡，一個箱子可裝 5 本書，至少要幾個箱子，才能裝完？

註：卡通影片中的小丸子一直是班上上課時的正義化身，「她」能勇敢地分享自己寫錯的部分，樂於接受同學的協助與建議，所以我們常藉由小丸子來代表班上孩子，分享寫錯的解題類型。

國家圖書館出版品預行編目（CIP）資料

暢所欲言學數學：課室討論教學策略大公開／馮汝琪, 戴絹穎
合著. －初版. －新北市：心理, 2016.04
　　面；　公分. －（教育現場系列；41151）
　　ISBN 978-986-191-709-2（平裝）

1. 數學教育　2. 討論教學法　3. 小學教學

523.32　　　　　　　　　　　　　　　　　105002085

教育現場系列 41151

暢所欲言學數學：課室討論教學策略大公開

作　　者：馮汝琪、戴絹穎
執行編輯：陳文玲
總 編 輯：林敬堯
發 行 人：洪有義
出 版 者：心理出版社股份有限公司
地　　址：231 新北市新店區光明街 288 號 7 樓
電　　話：(02) 29150566
傳　　真：(02) 29152928
郵撥帳號：19293172 心理出版社股份有限公司
網　　址：http://www.psy.com.tw
電子信箱：psychoco@ms15.hinet.net
駐美代表：Lisa Wu（lisawu99@optonline.net）
排 版 者：菩薩蠻數位文化有限公司
印 刷 者：正恒實業有限公司
初版一刷：2016 年 4 月
初版二刷：2018 年 1 月
I S B N：978-986-191-709-2
定　　價：新台幣 350 元